하얀, 빈티지

하얀, 빈 티지

문경희
다섯 번째
수필집

세종출판사

| 책을 내면서

　글에 발을 들이고 스무 해가 흘렀다. 쓰는 듯, 아니 쓰는 듯 변죽만 울리다가 십 년 만에 처음으로 수필집을 냈다. 그리고 다시 십년 후 다섯 번째 발간을 하게 되었다. 돌아보면, 더러 게으름으로 느적거리기는 했지만, 내가 내게 물어도 글에 관한 한은 부끄럽지 않게 걸어왔다. 건방진 언사일까만, 이제는 어디에서 내 글의 끝을 만나더라도 억울하지 않을 것 같다.

　시골 살이 5년 차, 조금씩이나마 앞도 뒤도 살필 여유가 주어진다. 요란하게 내세울만한 일도 없으면서 늘 마음은 분답했다. 그것이 무엇이든, 내 것이 아니었던 것을 내 것으로 끌어안는데 시간이 필요하다는 말일 게다.

　글 역시 다르지 않았다. 앞서거니 뒤서거니 20년을 함께 부대꼈으므로 늦으나마 내 이름표 어느 구석자리에 글의 지분을 허락해 줄 참이다. 다시 내일을 장담할 수는 없지만, 글에 진심이었던 어제들이 결코 허사는 아니었노라고, 오늘만은 내가 나를 향해 따뜻한 위로와 응원을 아끼지 않으련다.

2023, 팔월 즈음에

차례

책을 내면서 • 5

1부
『아버지』를 읽는 시간

012 • 밥
017 • 겨울소리
023 • 씨, 내포하다
027 • 다마스커스의 문양
032 • 『아버지』를 읽는 시간
037 • 글숨
042 • 돈꽃
047 • 안개
052 • 자코메티의 계절
056 • 글꼬를 트다

2부
하얀, 빈티지

062 ● 밤, 일
067 ● 롸잇 어게인
072 ● 하얀, 빈티지
077 ● 카오스적 생존기
082 ● 포도나무의 처세
087 ● 냉장고, 그리고 토굴
092 ● 베르쿠치
097 ● 뫼비우스의 띠
102 ● 아무것도 아닌
107 ● 익명으로 바치는 감상문

3부
허물, 덮다

114 • 푸른 감옥

119 • 무릇, 똥

124 • 여우전傳

129 • 가벼운 집

134 • 허물, 덮다

139 • 배짱 없는 베짱이

144 • 둔테

149 • 불목지기

154 • 움직이는 등대

159 • 괜찮다, 괜찮지 않다

4부
여섯 번째 아홉

166 * 활착

171 * 굴신

176 * 붉은 소묘

181 * 나무늘보

186 * 노는 여자

190 * 칼새

194 * 후숙

199 * 철의 여인

204 * 장미와 찔레

209 * 여섯 번째 아홉

불안과 공포가 교차하던 눈빛과 고단함을 달싹이던 입술, 그리고 당신을 훑고 나온 배설의 흔적들까지, 읽을거리는 무궁무진했다. 파르라니 수염을 밀고 민트향 나는 스킨을 발라드리면 푸르던 당신의 한때가 유추되고, 두껍게 자란 발톱을 깎다 만난 티눈은 평생 숨어 흘린 눈물의 은유였다. 나는 말끔해진 당신을 향해 '새신랑 같은 울아버지!'라며 흔해 빠진 직유나마 아낌없이 남발했다. 주름진 입술을 비집고 나온 미소는 나를 신명나게 만드는 별책부록이었다 할까.

1부
『아버지』를 읽는 시간

밥

 신성한 밥의 현장이다. 먹기 위해 사는 건지, 살기 위해 먹는 건지, 이곳에서는 아무도 케케묵은 밥의 철학을 들먹이지 않는다. 푸드 코디네이션이니 플레이팅이니, 먹는 일에 '잘'이라는 부사가 붙으면서 밥의 부속이 된 황감한 용어도 과감하게 생략된다. 오로지 먹어 삶의 끈을 잇는다는, 원론에 충실한 밥이 있을 뿐이다.
 한때 서민들의 충실한 발이던 완행열차의 시발역이자 종착역. 그 명성을 뒤로 하고 폐역이 되다시피 한 부산진역 광장의 한 귀퉁이를 차지한 밥자리다. 누군가는 자선의 손길로 밥과 국을 안치고, 삼시 한 끼나마 더 없이 절실한 입들이 이곳을 찾아 든다.
 역사의 뒤안길에서 병든 짐승처럼 웅크린 역사(驛舍)에 사람의 훈김을 불어넣는 것이 밥이다. 휑하던 광장은 뜨끈한 밥 한 그릇이 불러들인 사람들로 북적거리고 있다. 지하철과 버스를 갈아타는 발품

끝에 다다르는 이가 있는가 하면, 코앞에 집을 두고도 손수 밥상을 차리고 홀로 수저를 드는 외로움을 면하기 위해 자존심을 버리기로 한 이들도 있다. 모르긴 하되, 이곳에서의 한 끼가 하루의 유일한 식사가 되는 이도 없지 않을 것이다.

뚝딱 차려지는 듯해도 밥은 분명 기다림의 산물이다. 쌀을 씻고 불을 지피고 뜸을 들이고…, 아니, 씨를 뿌려 모종을 받고 뜨거운 태양 아래 알곡으로 거듭나기부터, 한 그릇의 완성품 끼니로 상에 오르기까지 기다림이 배제된 밥은 없다.

먹는 일 역시 시간을 지불해야 하는 의식이었던가 보다. 밥을 기다리는 줄이 생각보다 길다. 사람들은 대열을 벗어나지 않은 채 여기 저기 질펀하게 엉덩이를 걸치고 있다. 말이 없어도 눈빛으로 읽어지는 그들의 공통분모는 분명 밥이다. 두 입술이 맞붙어야만 낼 수 있는 양순음 'ㅂ'이 쌍으로 들어 있는 밥은, 입이 세상 가장 버거운 숙제가 되어버린 이들에게 단순히 허기를 잠재우는 용도 이상의 의미인지도 모르겠다.

푼푼하게 번지는 밥내가 신호탄이었을까. 누가 먼저랄 것도 없이 하나둘 몸을 일으키기 시작한다. 그들로 하여금 정지된 화면처럼 우두커니 자리를 지키게 만드는 것도 밥이지만, 살아 꿈틀거리게 하는 동력이 되는 것 또한 밥이다. 엎질러진 물감처럼, 밥의 대열은 순식간에 광장을 지나 인도를 넘어온다. 그들의 한 끼를 존중하듯, 행인들은 자연스레 밥의 줄을 비켜간다.

밥이 간절한 자와 밥의 타성에 길들여진 자. 이 순간, 세상은 명확하게 이분된다. 요란한 경적의 틈바구니 속에서 한 그릇 밥을 탁발하기 위한 배고픈 자들의 행렬은 마치 세상에 존재하지 않는 좌표처럼 저 홀로 구불구불 지상을 기어간다. 세상은 넓고 먹거리 또한 변신에 변신을 기듭하며 혀끝으로 구미의 덫을 놓고 있을지니. 언젠가부터 사라져버린 밥의 존엄이 이곳에서만은 살아남아 있는 것 같다. '¹⁾내 몸의 모든 것이/ 때마다 떠 넣은 밥숟가락에 힘입은 것이어서/ 내 디뎌온 발자국 하나하나가/ 이 쌀 한 톨 한 톨의 힘이 아닌 것이 없어서'. 문득 어느 시인의 구절을 빌려와 그들의 긍정적인 밥을 옹호해주고 싶어진다.

모든 살아 있는 자들에게 입을 해결하는 일은 삶의 근간이다. 누구나 오늘의 밥을 위해 눈을 뜨고, 내일의 밥을 위해 눈을 감는 것으로 하루가 채워진다. 밥은 위상이며 자존심이지만, 밥의 위력 앞에서 비굴해지거나 길이 아닌 길로 떠밀리기도 한다. 밥 때문에 싸우고, 밥 때문에 마음에 없는 화해를 해야 하는 경우도 허다하다. 아무리 고상을 떨어본들, 내게 일어나는 사사건건의 뿌리가 밥이라는 말이다.

뿐인가. 밥을 걸고 이루어지는 모종의 딜deal이야말로 역사가 깊다. 최후의 보루처럼 내세우는 '식음전폐'라는 밥의 정공법 앞에서는 스스로 굴하거나 상대를 굴하게 만들거나, 양단간 판가름이 나게 마련이다. 밥이 곧 목숨이니, 목숨을 배수진 삼겠다는 엄포는 사생결단의 의지 없이 불가하기 때문이다. 위대한 밥이 아닌가. 밥 먹었느냐, 밥 한 번 먹자. 지극히 의례적이라 마냥 흘려들었던 밥의 안부에 새삼 고개가 끄덕여진다.

　다행인지, 서글픈 일인지, 밥을 기다리는 사람들은 타인의 연민 어린 시선 따위는 괘념치 않는 것 같다. 무표정이라는 포커페이스 속에 절박함을 감춘 채, 남녀노소, 밥 앞에서 세상없이 유순해진다. 밥은 곧 법이며, 위법으로 밥의 위력에 토를 다는 이들은 보이지 않는다. 참으로 조용하고 질서정연한 밥이다. 문득, 세상의 모든 안녕과 평화가 밥에서 나오는 것인가 싶어진다.

　그러나 밥의 역설 또한 만만치 않으니. 밥으로 인해 세상의 안녕과 평화가 깨어지는 경우도 부지기수다. 매스컴을 어지럽히는 크고 작은 사건들은 밥과 무관하지 않다. 밥 때문에 거짓과 위선이 난무하고, 내 밥을 타인의 목숨 위에 두는 이들도 있다. 아이러니하게도, 밥은 세상 모든 비리와 불법과 부도덕의 단초가 되기도 하는 셈이다. 뺏고 뺏기고, 어쩌면 인류의 역사가 치열한 밥그릇 싸움으로 점철되었던 것도 당연한 일이었는지 모른다. 하여, 풍요나 결핍과는 상관없이, 2)밥의, 밥에 의한, 밥을 위한 투쟁으로 세상이 점점 혼탁해지는 것은 아닐까.

　인간의 욕망은 끝이 없는 것이라서 배가 부르면 밥의 변종들이 고개를 들기 마련이다. 또 다른 밥의 이름으로 사람들을 조련하는 떨치기 힘든 욕망들. 여차하다가는 밥이 나를 먹어버리는 불상사가 일어날 수도 있으니, 밥이라 하여 선뜻 입맛부터 다실 일은 아니다.

　길이 설설 오르는 밥 한 그릇을 받아 든 사람들의 걸음이 빨라진다. 곳곳에서 그들만의 경건한 식사가 이루어질 것이다. 한 술 한 술 절실함으로 떠 넣는 밥에 불순한 기운이 끼어 들 수 있으랴. 비록 길 위에서 수저를 들지만, 이 순간, 밥은 오로지 절망과 좌절과 배고픔에서 저들을 구제하는 삶의 노둣돌일 테다. (2017.6)

1) 김은숙의 시 「쌀밥 먹는 시간」 중에서
2) 에이브러헴 링컨의 게티즈버그 연설문 중 일부 변용

겨울소리

　사방 바람의 우범지대다. 홀로로는 결코 자신을 증명할 수 없는 부조리에 맞서듯 바람은 닿아지는 모든 것들을 다그쳐 소리를 만들어낸다. 소리를 앞세워 자신을 과시하고, 소리를 채찍 삼아 세상을 평정하려 든다.
　뒷산의 북풍도 을씨년스러운 소리로 능선을 넘어온다. 수척해진 나무들의 등짝에 냉냉㭁㭁한 문신을 새기고 있는지, 바람의 손이 스칠 때마다 구성없는 비명이 쏟아진다. 바람의 소리인지, 소리의 바람인지, 오늘 따라 집 뒤 굴참나무 숲정이는 귀곡산장이 따로 없다.
　얼음장 같은 바람이 해살을 놓는 날엔 무조건 퇴각을 외쳐야 한다. 바람에 항거하는 방법이란 고작 문이란 문을 꽁꽁 닫아걸고 보일러의 온도를 높이는 것뿐이다. 그러나 철옹성 같은 문도 소리의 출입까지는 막을 수 없나니. 휘잉, 바람이 흩뿌리는 소리의 단검이 귓전으로 싸늘하게 내리꽂힌다. 잔뜩 벼려진 겨울의 위세를 코앞에다 부려놓는 친절한 바람 씨氏들이다.

불시에 허를 찔린 듯, 팔다리가 욱신거린다. 구멍이란 구멍으로는 냉기가 들이친다. 어깨를 추스르고 허리를 곧추 세워보지만, 먹은 것마저 명치끝에 묵직하게 얹히고 만다. 하여, 문 안의 무풍지대에 소심하게 움츠린 채 빼꼼 문 밖을 정탐하는 일로 시간을 뭉갠다. 곰처럼 챙겨 입고도 소리의 피난처를 찾아 귀를 펄럭이는 몰골이라니.

바야흐로 소멸의 계절, 겨울이다. 산도, 들도, 나무도 거머쥔 것들을 발밑으로 내려놓는다. 세상 가장 가난한 모습으로 월동이라는 가풀막을 넘지 못한 자에게 봄은 없다. 한 점 토르소처럼, 손발을 내어주더라도 숨줄만은 거머쥐고 있어야 하는 것이 겨울에 임하는 그들의 생존법이다.

봄을 위한 전초일 뿐이라고 아무리 긍정의 주문을 걸어도, 뼈만 남은 풍경이 송곳처럼 마음을 후비고 든다. 남편은 귀촌 후 맞는 첫 겨울의 소회를 콧날이 시큰해질 정도의 스산함이라 한다. 나도 별반 다르지 않다. 때때로 가슴 밑바닥을 할퀴고 가는 얄궂은 심사는 눈이 아니라 귀가 초래하는 것인지도 모르겠다. 툭, 투둑, 귀로 들어와 몸과 마음을 죄 쓸쓸함으로 탈색해버리는 조락의 소리들 말이다. 언 땅을 딛고 선 나무처럼, 악착 같이 봄의 약속을 되새기는 것만이 겨울과, 겨울의 소리에 무너지지 않는 자구책이랄까.

팔순을 훌쩍 넘긴 어머니에게도 문 밖은 오로지 위험한 곳일지니.

느지막이 아침상을 물린 어머니께서 주섬주섬 리모컨을 챙겨든다. 작년 겨울, 감기 때문에 한 달여를 고생한 전적이 있어서인지 선뜻 바깥을 엄두내지 않으신다. 덕분에 연일 죄 없는 TV만 등짝이 뜨끈해지도록 고군분투를 한다.

화면이 열리자 아침드라마를 예고하는 자막이 뜬다. 어정쯤 나이로 치매에 걸려 버린 아버지와, 그런 가장을 향한 애틋한 가족애를 그려내는 드라마다. 어제는 그간 숨겨오던 아버지의 와병 사실이 들통나면서 끝났으니 오늘은 분명 집안이 발칵 뒤집히는 장면으로 시작을 할 것이다.

"저기 참 더러븐 병이라. 저거한테는 안 붙들리고 가야될 낀데…."

드라마를 볼 때마다 같은 말씀을 되풀이하지만 인생의 겨울에 발목을 적시고 계신 어머니가 아닌가. 이미 노老하고 쇠衰함의 비명을 오라처럼 지고 사시는 처지니 무엇엔들 안전을 보장 받을 수 있을 것인가.

마당을 장악한 고추바람처럼, 세월도 자신을 증명하기 위해 소리를 동원한다. 당신의 계절에도 삭풍이 부는 건지, 다섯 자식의 발원지인 어머니의 몸에서는 최근 들어 겨울의 소리가 잦아졌다. 앉고 일어설 때마다 '끙', '아이쿠'의 신음을 지팡이처럼 짚으신다. 육신의 마디마디에 소리의 집이 들앉은 듯, 소리로 눕고, 소리로 뒤척이신다. 낡고 초라해졌으나마 자식에게 짐이 되지 않겠다는 다짐이 느슨해지는 순간, 꽁꽁 단속을 해둔 소리들이 당신을 비집고 나오는가 보았다. 흡사 소멸의 예고장 같다는 방정맞은 생각 때문일까. 의식이 결여된 상태에서 터져 나오는 어머니의 소리에 머리끝이 주뼛 일어서는 때가 많다.

하긴, 당신이 온전하기를 바라는 것은 욕심일 게다. 제 속을 깡그리 내어준 무광처럼, 거죽만 남아 흐느적거리는 것이 어머니의 신체지수인지도 모른다. 이건 이리해라, 저건 저리해라. 종종 이순 문턱의 나를 진두지휘하시는 모습을 보면 마음이 느슨해지다가도 기침처럼 툭툭 당신을 불거져 나오는 소리에 긴장의 끈을 바투 쥐게 된다. 몇 마디 담소를 나누다가 감쪽같이 단잠에 빠지거나, 주무시겠거니 TV 음량을 낮추면 언제 그랬냐는 듯 시시콜콜 드라마를 생중계하시는 천연덕스러움에 가슴 한쪽이 아릿해진다.

한때는 카랑카랑 목청을 세우며 우리를 잡도리하던 당신이다. 아들 하나에 딸 넷, 고만고만한 자식들은 단 하루도 고요히 넘어가는 적이 없었다. 뺏고 뺏기고, 울고불고, 육탄전까지 불사하는 천방지축 우리들을 단숨에 진압한 것은 어머니였다. '버럭' 전법이 통하지 않으면 시커먼 부지깽이가 춤을 추고, 빗자루가 일순 몽둥이로 용도 변경되기도 했다. 자식들을 오금박던 쓴소리의 진원지는 늘 어머니였으니, 그저 허허실실, 따끔한 말의 회초리 한 번 들지 않는 아버지를 대신해 악역을 자처하셨던 셈이다.

악역에 흔쾌한 이가 있으랴. 그러나 누군가는 해야만 하는 악역이라는 것도 세상에는 존재한다. 저마다의 고집으로 제 목소리만 낼 줄 아는 자식들을 통제하기 위해서는 당신의 데시벨도 점점 높아질 수밖에 없었을 것이다.

나는 언제쯤 어머니의 소리에서 해방되었을까. 몇 번인가 당신을 향해 앙칼진 소리로 대거리를 했던 것 같기도 하다. 불편한 심사를 있는 대로 표출하며 고집스레 방문을 걸어 잠갔던 적도 없지 않다. 돌아보면, 고함도, 회초리도 먹혀들지 않는 자식들이 당신으로 하여금 기세등등하던 소리의 지휘봉을 내려놓도록 만들었지 싶다.

재작년 봄, 아버지가 세상을 뜨시고 나자 어머니는 소리 없는 여인이 되었다. 더러 마음에 들지 않는 구석이 생긴다한들 따따부따할 의욕이 없으신가 보았다. 뜬금없는 입의 파업으로 포식자를 잃어버린 소리들이 노쇠한 육신을 공략하고 있는지도 모르겠다. 저토록 사사건건 당신의 행보를 간섭하고 드는 걸 보면.

어머니의 겨울을 겨울보다 더 황량하게 만드는 소리들. 다섯 자식에 이어, 저 난만한 소리마저 헐렁해진 노구에 공명을 일으키고 있으니 어찌 분답지 않으랴. 이따금 전설이 되어버린 청춘의 한때를 추억으로 환기시키지만, 잔고가 바닥나버린 계좌처럼 남루해진 세월만 도드라질 뿐이다. 늙어가는 일이란 절로 고요해지는 것이 아니라, 홀로 감내하고 홀로 삭여야 하는 소리가 점점 많아지는 일이라는 생각마저 든다.

설거지를 하고 찻물을 올리는 사이 나지막이 코 고는 소리가 들린다. 소리의 출구가 열리는 모양이다. 아무리 세월의 옷으로 귀를 막고 눈을 가려도 침묵만으로는 갈앉힐 수 없는 것들이 사방에 널렸을 터. 저렇게라도 응어리진 소리들을 배출하고 나면 남모르게 견뎌야 하는 당신의 몫이 조금은 줄어드는 것인지.

 존재와 소멸의 경계에 어머니의 소리가 있다. 시곗바늘이 거꾸로 흐르지 않는 한, 당신께 더이상 청춘이 소생하는 봄은 없을 것이다. 머잖아 겨울이 물러가고 어머니께서 부재한 계절이 오면, 저 뚝뚝한 소리이나마 얼마나 간절해질 것인가.

 달달한 커피타임을 뒤로 한 채, 삭정이 같은 육신이 뱉어내는 겨울소리에 귀를 맡긴다. 어머니의 소리를 구절구절 내 안으로 받아적는다. 당신이 있어 내가 있었음을 설법하는 소리의 경전이다.

(2019.1)

씨, 내포하다

　씨마늘이 발을 내렸다. 파종 전에 하룻밤 침지를 했더니 밑둥치에 하얀 실밥 같은 뿌리를 내민 것이다. 왕성한 생명의 피돌기를 눈으로 확인하는 기분이었다.

　뿌리가 정靜이라면 발은 동動이다. 끝내 한 자리만 파고 드는 것이 뿌리의 속성이라면, 끊임없이 앉은자리를 박차게 만드는 도구가 발인 까닭이다. 부지런히 걷고 뛰어야만 겨울이라는 냉혹한 계절의 마수를 벗어날 수 있다는 다그침 같은 것일까. 사람들은 마늘에 뿌리가 아닌 발을 달아주기로 했는가 보다. 나도 그들을 흉내 내며 마늘이 내민 뿌리를 발이라 읽는 중이다.

　늦은 오후의 햇살을 등지고 발이 난 마늘을 꾹꾹 눌러 심는다. 얼었다 녹았다, 비록 월동의 시간들이 험난하다하여도 발의 투지가 저리 다부지니 옹골찬 봄을 의심할 수는 없겠다. 마늘을 심으면 마늘이 나온다는 당연하고도 싱거운 이치에 들떠 엉성한 초보 솜씨로나마 번잡을 떨어본다.

  시골에 터를 잡은 후 씨에 집착하는 버릇이 생겼다. 백지를 앞두면 야릇한 의무감부터 발동을 하는 글쟁이로서의 본능 때문인지 모르겠다. 듬성듬성 비어 있는 화단을 보면 알 수 없는 부채감이 자꾸만 나를 다그쳤다. 꽃씨를 모으기 시작한 것도 그 때문이었다.

  이름은 물론, 어디에 어떤 모양으로 씨가 맺히는지조차 모르는 것이 태반이었다. 그런 처지에도 길을 걷거나 남의 집 담벼락을 기웃거리며 욕심껏 꽃 진 자리를 훑었다. 뿐인가. 농군들의 SNS에 씨앗 나눔글이 올라오면 체면불고 염치불고 '저요!'를 외치기까지 했다. 그렇게 구걸한 씨 덕분에 올봄 우리 집 화단이 제법 봄다웠다.

  흙이라는 모태에 수십 가지 꽃의 자식들을 묻었다. 해토머리를 지나자 그들은 연둣빛 기적으로 생존신고부터 했다. 정성의 밑거름을 두둑하게 깔아놓고서도 기다림이라는 인고의 추비를 아끼지 않았다. 화려한 만개에만 환호하던 나로서는 줄기와 잎을 거쳐 꽃에 다다르는 느리지만 꿋꿋한 씨의 보법에 조갈이 나기도 했다. 그런들 우물에서 숭늉 찾는 우愚를 범하랴. 저만치 앞서는 마음을 불러들이며 줄탁동시의 주문을 고명처럼 얹었다. 몇 번의 기대와 몇 번의 허탕 끝에 만났던 첫 꽃의 환희라니. 씨, 그 고요한 반전은 번데기를 탈피한 한 마리 날 것의 비상처럼 경이로웠다.

  '여기가 머리구요, 여긴 심장. 심장 뛰는 소리 들리시죠? 손가락, 발가락도 모두 정상이고, 건강하네요.'

까마득한 초음파실의 추억이 되살아났다. 내 안에 착상한 작고 까만 점에서 심장이 쿵쾅거리는가 싶더니, 손발이 나오고 눈코입이 선명해지는, 마술 같은 일이 벌어지는 것이었다. 더러는 웃기고 더러는 울려가며 좌충우돌의 사춘기를 보내고, 이제는 나보다 훌쩍 덩치가 커버린 아이들 역시 0.05mm, 티끌만 한 씨에서 발원되었다는 말이다. 그렇다한다면, 뿔처럼 솟구쳐 원성을 샀던 아들 녀석의 송곳니도, 딸아이의 손톱 속 하얀 초승달도, 두 녀석 공히 말수가 적은 성향까지도 씨 속에 예정되어 있었다는 것이 아닌가.

백일홍이 피고, 분꽃과 채송화와 달맞이와 맨드라미와…, 각양각색의 꽃들이 돌림노래처럼 화단으로 번져갔다. 어렵사리 발아한 시계초 씨는 시계를 똑 닮은 연보라색 꽃을 내다 걸었고, 해바라기는 세숫대야만 한 얼굴로 담장 밖을 노랗게 기웃거렸다. 호기심으로 묻어두었던 박 씨에서는 조롱박, 자루박, 청자박이 꽃만큼이나 환하게 허공을 밝혔다.

붉고 푸른 색감의 꽃과 형언 못할 향기까지, 씨는 자기만의 순서로 가진 것들을 끄집어냈다. 붕어빵 속에는 붕어가 없다지만, 씨는 이미 자신이 만들어낼 완성체까지 잉태하고 있었던 것이 분명해 보였다. 그 미미하고 보잘 것 없는 알갱이들의 분투 덕분에 무덤덤하던 일상에 연일 총천연색의 감탄사가 만발했다. 내가 발견한 씨의 내포는 역동성 그 자체였다.

무엇보다도 나를 경탄케 한 것은 다시 내 손으로 돌아온 씨였다. 씨의 시간을 동행하며 더하고 빼고 곱하고 나누었어도 결국 처음이 되는 요상한 사칙연산이 그들만의 세계에 있었다. 장난감 요요처럼, 제 세상을 양껏 구가하고 출발점으로 회귀하는 씨. 그것이야말로 물화된 미래지향이요, 종種을 완성하는 한 권의 모노그래프monograph라 해도 과언이 아니었다. 내가 그토록 씨에 연연했던 것은 새로운 출발선상에서 희망을 캐는 작업이었노라고 은근슬쩍 미화를 해본다.

어느새 등줄기가 서늘하다. 겨우 마지막 마늘을 꽂은 참인데 내 그림자가 저만치 멀어져 있다. 종자로서의 한 톨 마늘 속에는 자신이 뜨겁게 극복해나갈 겨울의 시나리오가 마련되어 있으리라. 하여, 서리가 내리고 한파가 몰아져도 꽁꽁 언 동토를 헤집으며 튼실한 뿌리의 왕국이 건설될 것이다. 초 긍정의 주문으로 툴툴 하루를 털고 일어선다.

먼 산자락에서 태양의 뿌리가 들썩인다. 태양이 숭덩 뽑혀나간 세상에는 절망 같은 암흑천지가 할거를 할 것이다. 비록 쫓기듯 귀가를 서두르지만, 주눅 들지는 않는다. 밤이 파종해 둔 어둠의 씨가 무엇을 품고 있을지, 웬만큼은 어림치기 때문이다. (2020.10)

다마스커스의 문양

 벌겋게 달궈진 쇠막대가 모루 위에 올랐다. 단단한 부집게에 덜미를 잡혀버린 쇳덩이는 이제부터 시작될 뜨거운 치도곤을 견뎌내야 한다. 그것이 무엇이었든, 전생을 벗고 다시 태어나기 위해서는 바닥의 바닥까지 제가 가진 것을 게워내는 수밖에 없다.
 이유도 모른 채 지옥 같은 불구덩이 속으로 곤두박질쳤다는 피해의식 때문일까. 마치 한 마리 고슴도치처럼, 쇠는 사방으로 붉은 적개심을 곤추세우고 있다. 닿아지는 모든 것들을 사그리 태워버릴 듯 분기탱천 중이다.
 그때 나도 그랬다. 고작 석 달의 유예기간을 채우고 이승을 돌아서버린 아버지는 슬픔을 넘어 화怒의 근원이었다. 죽은 듯이 주무시다, 주무시는 듯이 죽음의 길로 들어서신 아버지였다. 졸지에 비어버린 아버지의 자리는 참담하다 못해 기가 막혔다. 따뜻한 작별의 순간조차 용납지 않은 생과 사의 주무관을 찾아 멱살잡이라도 하고 싶었다. 그리 허망하게 가실 줄도 모르고, 병실을 나설 때마다 당신의 남은 시간을 저울질했던, 나만 아는 나의 불경은 정말이지 용서할 수가 없었다.

그것으로는 부족했던 것일까. 태산 같은 상실감으로 우왕좌왕하는 사이 10년 동안 착실히 쌓아올린 공든 탑을 뭉개버린 이가 생겼다. 사람과 사람 사이에 무엇보다도 신의를 앞세우던 남편과 달리 거래처 젊은 사장은 발 빠르고 계산도 빨랐다. 두 사람의 거래방식이 위태해 보였지만, 가타부타 개입을 하고 싶지 않았다. 아무리 물러 터진 남편이라도 가장으로서의 책무에 흠집을 내지는 않을 거라 믿었다.

예정된 수순이듯, 10년 묵은 남편의 신의는 헌신짝이 되고 말았다. 남편은 그를 한 지붕 아래서 한솥밥을 먹는 식구라 여겼다. 식구란 입을 매개로 한 공동운명체가 아닌가. 거래라는 관계에서 그것이 얼마나 고지식한 환상인지를 터득하느라 남편은 거한 수업료를 지불해야 했다. 그가 하시라도 수저를 놓고 돌아서기 위해 들메를 다잡아두고 있었다는 것을 알아차렸을 무렵, 이미 손 쓸 방도는 없었다.

생니를 뽑아낸 듯, 사는 일이 욱신거렸다. 추웠다 더웠다, 온몸으로 후유증을 앓느라 나는 배슬배슬 물기를 잃어갔다. 아니, 목구멍까지 치오른 허탈감 때문에 주저앉을 힘조차 없었다.

몸살 같은 시간을 지나는 동안 나는 한 마리 독충이 되었다. 잔뜩

발기된 가시를 온몸으로 앉힌 채 주위의 따뜻한 위로마저 배척을 했다. 가장 무서운 존재가 사람이며, 세상 모든 사람들이 내게 악의의 창을 겨누고 있다는 생각만 들었다. 원망과 분노와 좌절…, 단 한 번도 경험해보지 못한 환란의 도가니 속에서 뜨겁게 부대끼느라 그때의 나 역시 모든 것들을 소진해야하는 시기였던 것 같다.

활활, 불꽃이 일렁이는 화덕을 배경 삼아 사내가 뭉툭한 쇠망치를 거머쥔다. 그의 팔뚝으로 푸른 힘줄이 꿈틀거린다. 쇠를 쇠로 다스리겠다는 망치의 투지마저 대장간의 열기를 증폭시킨다. 본격적으로 쇳덩어리의 우화가 시작될 모양이다.

고물들의 환골탈태가 이루어지는 곳이 대장간이다. 섣부르게 끝을 끝이라 예단하는 일이 얼마나 큰 오류인가를 보여주는 곳이기도 하다. 사람이나 물건이나 쓸모를 잃는다는 것은 도태의 명분이 되는 것인지, 허섭스레기처럼 벌건 녹을 앉히며 눈칫밥을 먹다가 엿가락이나 비눗장과 가차 없이 교환되던 잡동사니 쇠. 다만 버려지는 것쯤으로 치부하고 말았는데, 쇠는 보란 듯이 변신에 변신을 거듭하고 있었던가 보다. 그것을 증명이라도 하듯, 칼, 낫, 호미, 곡괭이에서부터 풍로에 엿장수용 가위까지, 대장간의 한쪽 벽면은 무간지옥과도 같은 거듭남의 과정을 거쳐 나온 연장들이 즐비하다. 대부분 시골로 터를 옮겨온 후 내게 가장 익숙해지고 있는 물건들이다.

이삿짐을 풀기 무섭게 농기구를 사들였다. 고작 텃밭 주제에도 인터넷 검색까지 해가며 종류를 늘였다. 용도도, 사용법도 중요하지 않았다. 그것들은 하나같이, 도시를 향해 솟구치는 나의 부력에 맞서 줄 봉돌과도 같은 의미였기 때문이다. 낯설다는 불편함을 감수하느라 무시로 발바닥이 근질거리던 내게도 되돌아갈 수 없는 명분이 필요했으니까.

시간은 허투루 지나가는 것이 아니라, 시골에서의 소박한 평안도 아무렇지 않은 일상이 되어 간다. 통장 속의 숫자에 일희일비하는 일이 줄어들면서 내 가난도 더 이상 가난해 보이지 않는다. 뿌린 만큼 거둔다는 빤한 논리를 신봉하게 되기까지 저 무뚝뚝한 연장들의 제 살을 깎아내는 헌신이 있었음을 어찌 부인하랴. 생각 같아서는 한 자루 덥석 걷어 손맛을 보이고 싶지만 성급함은 잠시 눕혀두기로 한다.

나는 지금 다마스커스의 문양을 기다리는 중이다. 세상에서 가장 단단하다는 칼, 칼로 칼을 베는 것조차 가능할 만치 절삭력이 뛰어나다는 칼. 이름 하여 다마스커스의 칼이며, 그 칼의 정체성은 독특한 무늬에 있다. 칼날의 표면에 그려지는 유려하고 몽환적이기까지 한 파형波形의 무늬가 바로 다마스커스의 문양이다. 그 문양은 만들 때마다 조금씩 다르게 나타난다고 하니 어떤 다마스커스 칼도 세상에서 유일한 칼인 셈이다.

강철과 연철을 켜켜이 이어붙인 쇳덩이가 칼의 모체다. 강함에 강함을 얹어야 강도가 배가되는 줄 알았는데, 강약이 어우러져 가장 강한 것이 태어난다고 한다. 하긴, 돌탑이 어떤 바람에도 무너지지 않는 것은 돌과 돌 사이를 괴고 있는 연약한 틈 덕분이라지 않은

가. 그렇다 한다면, 기쁨도, 슬픔도, 희망도, 절망도 결국은 나를 더욱 굳건히 하는 요체였던 것일까. 기억하기조차 싫었던 어제가 없었다면 느긋하게 허리띠를 풀고 앉는 오늘이 그리 쉬 왔을 것 같지는 않으니.

달구고 두드리고 식히고, 달구고 두드리고 식히고…….

다마스커스의 문양이 만들어지는 것은 접쇠와 담금질의 과정을 무수하게 거치기 때문이란다. 칼은 피와 살이 튀는 난타의 시간을 치르고서야 제 몸에 살아 있음의 무늬를 새긴다는 말이다. 과한 몰입일까. 칼이 그려내게 될 고통의 무늬는 나를 숙연하게 만든다. 저릿저릿, 내 안의 어디선가 화석이 된 생채기가 들썩거리는 듯하다. 지극한 시련이 감추어둔 반어反語, 어쩌면 다마스커스의 문양도 그런 것인지 모르겠다.

칼등에 칼날, 그리고 슴베까지, 칼이 얼추 윤곽을 드러낸다. 녹초가 되고도 남았을 사내의 손에 또 다른 신명이 실린다. 모자 속에서 장미꽃을 피워내는 마술사처럼, 한나절을 벼린 칼날 위로 자신만의 문양을 끄집어내기 시작한다. (2020.2)

『아버지』를 읽는 시간

　모니터가 연신 **빽빽**거린다. 그래프의 파동도 눈에 띄게 느슨해졌다. 그러나 의료진을 호출하지는 않는다. 그들 역시 구경꾼일 수밖에 없기 때문이다. 자식이라는 이름으로 내가 할 수 있는 일이란 고작 기기의 타전을 당신의 고별사인 듯 참담하게 받드는 것뿐이다.
　아버지는 수식어를 즐기지 않는 분이셨다. 다정다감한 어록을 자랑하는 달변가는 더더욱 아니셨다. 당신 안에서 거르고 걸러진 언어들만 간결체의 어투로 나지막이 발설되곤 했다. 그래서일까. 아버지의 입에서 때와 장소에 위배되는 헛문장이나 비문이 흘러나오는 것을 보지 못했다.
　말줄임표가 자주 등장하는 아버지의 수사법은 쉬 해독될 수 없었다. 나는 징검돌처럼 띄엄띄엄 도달하는 몇 마디만으로 미꾸라지 밸 따듯 당신을 건너뛰었다. 오독으로 당신을 헛짚었던 불상사마저 부모라는 무한자애를 뒷배삼아 은근슬쩍 당당했다.

사방팔방 튈 궁리만 하면서도 규칙이라는 안전선을 지켜냈던 것은 당신의 알뜰한 화법 때문이었다. 말하지 않는 당신의 말을 어림치며 지레 나를 단속하곤 했으니, 다다익선만이 진리는 아니었던 셈이다. 하여, 아버지는 마지막 순간조차 당신만의 오래된 문체를 훼손할 의향이 없으신가보다. 내내 굳건한 침묵만을 물고 있는 입술을 깨울 열쇠는 어디에 있는 것일까.

언제부터인가 현실 밖의 세상을 넘나들이 하시던 아버지였다. 의사는 뇌에 심각한 오류가 생겼다고 했다. 유난히 잦았던 낙상도 그로 인한 것으로 판명되었다. 수술만이 길이라는 의사에게 이렇다 할 항변조차 하지 못한 채 험난할 것이나, 가지 않을 수 없는 길 위에 당신을 세워야만 했다.

구새 먹은 나무처럼, 당신은 세월이 만들어 놓은 허방을 수없이 껴안고 계시는가 보았다. 겨우 한 고비를 빠져나오면 또 다른 고비가 발목을 잡았다. 인디언 서머Indian Summer처럼, 고비와 고비 사이, 그 짧은 시간만이 우리에게 허락된 안온한 일상의 최대치였다. 결국 당신께는 두 번의 오류가 더 찾아왔고 그때마다 수술이 불가피했다. 그러나 삼세번의 고갯마루는 호락호락하지 않았다.

아무리 고달파도 견뎌주셔야만 한다고, 천근만근 무거운 숙제를 당신께 짐 지웠다. 사각의 링에 갇힌 고독한 파이터처럼, 늙으신 아버지는 사력을 다하는 것으로 응답을 주셨다. 덕분에 한없이 강파른 하루들일지라도 끝내 긍정의 문장으로 마무리되곤 했다.

몸무게 49kg, 나이 80세. 언제 그토록 당신을 반납해버렸는지, 차트 속의 아버지는 보잘 것 없었다. 두툼한 양장본의 백과사전 같던 당신께서 납작한 문고판이 되는 동안 나는 무엇을 했단 말인가. 기기 찰 노릇이었다. 눈 밝던 청춘의 필독서에는 왜 『아버지』가 없었던 것인지, 뒤늦은 후회만 왈칵왈칵 목구멍을 넘어왔다.

내 삶이라는 서가에서 가장 오래 꽂혀 있던 아버지였지만 표지는 물론 속지까지 나달거리는 동안 곰살궂게 들여다보지 못했다. 가깝기에 무성의했고, 늘 그 자리에 계실 것이기에 유예해도 되는 아버지였다. 식상하고 고리타분한 말씀들로 채워져 있을 것이므로 읽지 않아도 읽은 것과 진배없다는 오만으로 당신을 호도했는지도 모른다.

나는 세상을 닫고 아버지만을 펼치기로 했다. 그러나 채 몇 쪽도 나아가지 못하고 덮어야 하는 일이 반복되었다. 어설픈 연민으로 당신을 들여다보는 것이 얼마나 겁 없고 외람된 짓거리인지를 거푸 확인했다. 한 생애를 버겁게 이끌고 온 아버지를 읽는 일이란 자책과 회한과 눈물부터 치러야 하는 일이었다.

자식이라는 숙제에 떠밀리느라 정작 아버지의 목차에 아버지는 없었다. 그것이 부모라는 이름의 운명이라 눙쳐도 애달픈 일이었다. 당신의 시간 속에 얼룩처럼 번져있는 내 이기체己의 흔적들을 발견하고는 말문이 막혀버렸다. 세상 모든 자식들에게 통한의 피눈물을 흘리게 하고서야 깨달음을 던져주는 조물주의 빤한 악취미를 비켜가지 못한 내가 원망스러웠다.

벼락공부를 하는 아이처럼 두서없이 아버지의 문장에 밑줄을 그어댔다. 토씨하나도 건성으로 넘길 수 없었다. 불안과 공포가 교차하던 눈빛과 고단함을 달싹이던 입술, 그리고 당신을 훑고 나온 배설의 흔적들까지, 읽을거리는 무궁무진했다. 파르라니 수염을 밀고 민트향 나는 스킨을 발라드리면 푸르던 당신의 한때가 유추되고, 두껍게 자란 발톱을 깎다 만난 티눈은 평생 숨어 흘린 눈물의 은유였다. 나는 말끔해진 당신을 향해 '새신랑 같은 울아버지!'라며 흔해 빠진 직유나마 아낌없이 남발했다. 주름진 입술을 비집고 나온 미소는 나를 신명나게 만드는 별책부록이었다 할까.

잠시도 덮어둘 수 없는 책처럼, 꿈속에서도 아버지가 궁금했다. 어제와 달라진 아버지에 환호했고, 어제와 달라져버린 아버지에 절망했다. 당신이 욕심이라면 그 욕심은 점점 남루해졌다. 아버지의 귓속으로 수없이 안부를 여쭈며 아직은 이승을 적고 계신 당신의 주소지에 안도를 해야 했다. 어느 날 문득 눈도 귀도 입도 닫아버리신 것은 끝을 선언하는 당신만의 완곡한 화법이었는지도 모르겠다.

의사는 아버지에게 남은 삶이 48시간 정도라고 했다. 허락받은 고작 이틀 동안, 당신의 페이지는 한 줄도 나아가지 못했다. 한 점, 문장부호로라도 당신을 발견하고 싶었지만, 푸우, 이따금 허공으로 게워내는 날숨만이 아버지가 동원할 수 있는 구두점인 모양이었다. 그것의 성분이 기쁨인지, 슬픔인지, 회한인지, 나는 감히 해석할 엄두를 내지 못했다.

이제 그래프는 수평선을 닮아간다. 아니, 수평선이 되었다.

의사는 능숙한 손길로 콧줄을 빼고, 소변줄도 제거한다. 비계를 걷어내듯, 당신을 구속하던 링거줄도 하나씩 철거한다. 눈부신 현대의 의술로도 끝내 리모델링되지 못하신 아버지. 야속하게도, 그토록 애타게 꿈꿔왔던 자유는 삶이 끝나는 시점에 예정되어 있었던가 보다.

아버지는 산 자들의 세상을 넘겨다 볼 수 없고, 나는 당신의 절필을 인정해야 한다. 오래 탈고 되지 않을 전설처럼 구구절절 선명한 아버지지만, 떠난 이는 누구나 흐르는 물처럼 잊혀지는 것. 세상에서 영원히 봉인되어버린 당신은 살뜰히 기억하는 이들에게만 드문드문 발췌될 것이다.

사자死者들의 처소로 당신을 모신 밤, 서쪽하늘이 환하다. 죽음, 그 쓸쓸한 퇴장에 바치는 헌사 같다. 못다 둥근 달 하나 조등처럼 걸어두고 삶을 떠난 아버지를 사무치게 읽는다. 축축한 눈물의 붓으로 차마 적을 수 없는 이별을, 이월 열사흘, 기우듬한 달의 정수리에 적바림해 둔다. (2017.3)

글숨

 늦게나마 영화 <물숨>을 보았다. 해녀의 발원지라는 제주 우도, 그곳에서 해녀의 사계를 통해 그들의 질박했던 삶을 들여다보겠다는 취지로 제작된 영화였다. 어제도, 오늘도 그들이 바다로 가야하는 이유는 하나였고, 그런 그들에게 바다는 쾌히 화수분이 되어 주었다. 바다를 껴입고 바다를 숨 쉬며 바다의 사람이 되기까지, 그들이 건너온 희로애락의 시간을 속속들이 그려내는 한 편의 다큐멘터리였다 할까. 중간 중간, 투명한 속살을 드러내는 코발트블루 색감의 바다는 해녀들의 곡진한 사연만큼이나 깊은 여운으로 남았다.
 몸속에 남모르는 부레라도 감춘 것인지, 해녀들은 자유자재로 물을 넘나들었다. 나이는 고작 숫자에 불과하다는 듯, 예순에, 일흔에, 여든을 훌쩍 넘긴 연배도 물옷만 걸치면 등 푸른 생선처럼 생기로 충천해지는 것이었다. 육지에서는 그저 병든 노인이지만 물속에서

만은 당당한 바다의 여인이라는 말에 무한 박수를 바치고 싶을 정도였다.

깊고 푸른 바다가 일궈놓은 바당밭, 그 적막강산을 헤집고 전복과 소라를 캐는 해녀들의 손길은 거침이 없었다. 그것들은 마치, 심연이라는 짙푸른 공포와 캄캄한 절대 고독에 대한 보상으로 주어지는 바다의 하사품 같았다. 말없이 주고, 말없이 받는 그들만의 거래가 물밑에서 이루어지는 셈이었다.

무한 자애였다가 일순 다시없을 폭군이 되기도 하는 바다의 이중성을 그들이 어찌 몰랐으랴. 바다 밖에 길이 없어 바다를 택했다는 처연함이 가슴을 아리게 만들었다. '칠성판을 등에 지고, 명정포를 머리에 이고', 언젠가 TV에서 접했던 해녀들의 노래 구절은 물질이 얼마나 많은 위험천만을 각오해야 하는지를 말해주는 것이리라. 그럼에도 불구하며 날마다 바다로 향하는 그들의 행렬에서 단순한 일상 그 이상의 무엇이 진하게 읽어졌다.

바다라는 신앙을 공유하는 사람들. 그들은 결코 바다를 거스르지 않는다. 매순간 바다의 표정을 살피며 바다의 허락을 기다린다. 바다가 점지를 해주는 날, 합방에 드는 신부처럼 정갈한 마음으로 바다와 몸을 포갠다. 해녀는 바다에 목숨을 앗기는 게 아니라 내어주는 것이라던 말처럼, 죽음마저 바다의 하명이라 받드는 절대순종이 어디에서 나오는 것인지, 영화를 보는 내내 궁금했다.

바다에 임하는 그들의 자세는 경박스럽지 않다. 검은 물옷을 입고, 묵직한 뽕돌을 허리에 꿰어 찬 채 바다에 드는 의식은 가장 낮은

자의 몸짓이었다. 그들이 저벅저벅, 물을 밟고 곧추 서는 장면은 단 한 번도 볼 수 없었다. 그런 불경은 고약한 육지 것들이나 하는 처사라는 듯, 허리를 굽혀 물에 몸을 맞추는 것으로 바다에 자신을 고했다. 그것은 바다에 대한 예의요, 경외심이자, 복종의 다짐과 다르지 않아 보였다.

해녀를 해녀이게 만드는 것이 '숨'이다. 숨은 살아있음의 증표다. 숨을 쉬는 한 삶을 인정받는다. 어떤 급박한 상황에서도 숨 쉬는 일을 뒷전으로 물리지는 않는다. 황금이 만능이라지만 황금보다 귀한 것이 숨이라 해도 과언이 아닐 것이다. 해녀들에게는 숨을 얼마나 오래 멈추느냐가 승패의 관건이 된다고 한다. 매순간, 살기 위해 얼마나 오래 살아있음을 포기할 수 있느냐는 잔인한 질문에 봉착하는 셈이다. 가장 소중한 것을 제물로 바치고서야 가능하다는 물질, 저승에서 벌어 이승에서 쓴다는 말이 허언이 아님을 알겠다.

해녀에게는 저마다 하늘이 내린 숨이 있단다. 결코 넘으려 해서는 안 되는 자기만의 숨, 그것은 다시 세상으로 돌아올 수 있다는 약속과도 같다. 약속을 지키지 못하는 해녀에게는 죽음이라는 형벌로 단죄를 하는 것이 바다의 지엄한 계율이다.

욕심에 눈이 멀어 숨을 어기는 것이 '물숨'이다. 물속에서 쉬는 숨은 곧 죽음을 의미한다. 바다의 바닥에서 끝없이 유혹하는 욕망의 다른 이름들. 거기에 의연할 수 있는 법을 배우는 것에서부터 해녀의 첫걸음이 시작되는 것이 아닐까. 짓궂게도 하늘은 그들에게 크나큰 욕망을 주었고, 그 욕망을 억누르는 도구로 숨을 주었던가 보다. '네 숨만큼만 해라' 그들이 숭배하는 구절은 어쩌면 자신이 자신에게 그어놓은 배수진이었는지도 모르겠다. 결국 해녀가 건져 올리는 망사리의 무게는 숨의 무게라는 게 맞겠다.

글이라는 바다를 만난 지 십 수년째다. 어쭙잖은 호기심으로 출발을 했으되, 어느새 스물 네 시간 나를 넘실거리는 글의 물살에 몸도 마음도 자청해서 저당을 잡혀버린 처지가 되었다. 밥을 먹으면서도, 사람을 만나면서도, 화장실에 앉아서도 글을 생각한다. 더러 아련한 꿈길 위에서 황감한 운우지정을 나누는 적이 있기는 하다. 그러나 막상 아침이 되면 밤새 나를 젖게 했던 글의 온기는 거짓말처럼 사라져버리곤 한다. 그마저도 본의 아니게 익숙해지고 있기는 하지만, 글은 여전히 잡으려면 멀어지는 찬란한 무지개와도 같은 존재임을 고백하지 않을 수 없다.

해녀들에게 바다의 바닥이 그러하듯, 나의 바다는 내 글의 보고寶庫다. 하나같이 소중한 자산이고 궤적이며, 다행히 그곳은 나에게만 허락되는 구역이다. 그러나 그 바다에 닿는 일은 생각처럼 호락호락하지 않다.

해녀들이 숨을 멈추듯, 조급함도 번잡한 일상도 저만치 물려놓는 일이 우선되어야 한다. 그제야 어렴풋이나마 내 안의 저점이 눈에 들어온다. 더러는 이미 망각이지만, 여전히 시퍼런 감정의 날을 세우고 있는 것도 없지 않다. 아주 가끔은 가슴 한 구석을 따뜻하게 덥혀주는 발열체를 건져 올리는 횡재를 하기도 한다. 그러나 다시 처음처럼 쓰리고 아픈 통증과, 낯 뜨거운 회환으로 잠을 설치게 만드는 것들이 더 많다. 달뜨고 아프기를 반복하면서도 돌아설 수 없는 것, 내가 영접하는 글의 바다가 삶에서 차지하는 분량이 그만큼이지 싶다.

필筆 하나로 일사천리를 외칠 수 있다면 얼마나 좋을까. 해도 해도 생각처럼 나아가지 않는 것이 글의 바다다. 돌아보면, 수없는 절망과 좌절이 오기가 되고, 섣부른 오기로 무참히 깨어지기를 반복했던 세월이었다. 내 글숨의 한계가 거기까지였다고 할까. 넘치는 의욕에 비해, 내 글의 망사리가 변변찮았던 이유일 것이다.

오늘도 나는 글의 바다 어디쯤에 두렁박을 띄운다. 글이 내게 와서 덥석 손잡아 주기를 기대하지만 여태 그러했듯 순탄치는 않을 것이다. 걸음걸음 정체 모를 감정과 씨름을 하거나, 나라는 자존감과 타他라는 관계망에 흠집을 내지 않기 위해 후퇴하거나 에두르거나, 총총 돌아서기도 할 것이다. 그러나 얼마나 다행인가. 글의 바다에 나를 담그고 있는 한, 눈곱만큼이나마, 글의 숨이 길어지기도 한다는 것이.

평생 몸살처럼 바다를 앓아온 여인들. 그들의 투실한 실루엣 너머 바다는 내게도 푸른 유혹으로 출렁인다. (2016.11)

돈꽃

 누군가의 위험천만을 목적지로 찍고 왔다. 타인의 불행을 내 행복의 척도로 삼겠다는 심사는 고약하지만, 오늘을 보기 위해 며칠을 손꼽았다. 그가 연출하는 백척간두의 순간을 함께 출렁이며 늘어질 대로 늘어진 삶의 들메를 다잡아보고 싶었다.

 공터는 이미 삼현육각의 신명으로 들썩이고 있다. 켜고, 불고, 두드리고, 인간과 악기가 만들어내는 소리로 주추를 놓고 지붕을 올린 소리의 성채 하나가 장대하게 일어선다. 내 안에서 나달거리던 소리들이 화답을 하는 건지, 두서없이 심장이 쿵쾅거리며 걸음이 빨라진다. 한껏 데시벨을 높인 소리의 휘장을 열어젖히고 공터의 왁자함 속으로 성큼 들어선다.

 소리가 예열해놓은 분위기를 밟고 자그마한 체구의 줄꾼이 등장한다. 이마를 질끈 동여맨 무명천 위로 가볍게 얹힌 패랭이, 하얀 무명 한복에 다부지게 장딴지를 감아 오른 행전行縢까지, 채비가 예사롭지 않다. 집채만한 봇짐을 지고 외진 산모퉁이를 꺾어 도는 역사극 속의 보부상을 연상케 한다. 굶주린 산짐승도, 삶에 주린 도적떼도, 비바람 눈보라까지도 서슬 퍼런 기세로 눈을 홉뜨는 길 위에서 안전한 목숨이 어디 있었으랴. 봄여름가을겨울, 도돌이표가 찍힌 악보처럼 수십 번의 사계가 가고 또 오는 계절의 윤회 속을 걸으며, 살기 위해 삶을 담보해야 하는 아이러니쯤은 무덤덤한 일상이 되었을 게다. 걸음걸음 도사린 생과 사의 칼날에 맞서기 위해 생계라는 소명의 갑옷으로 무장을 할 수밖에 없었을, 그들의 지난했던 삶. 짚신 두어 켤레를 매달고 탈래탈래 걸어 넘던 십이령 고개만큼이나, 줄꾼이 몸을 실은 길도 만만치가 않아 보인다.

　줄꾼을 어름사니라고도 한다. '사니'는 사람의 재주로는 다다를 수 없는 신묘한 재주를 가졌으되 신의 경지에는 도달하지 못한 사람을 이르는 말이란다. 사람과 신, 그 중간 즈음의 능력자라 할까. 하긴, 신이라는 뒷배가 아주 없고서야 어찌 저 간당간당한 외줄을 방석 삼아 세상 편한 너스레를 주저리주저리 펠 수 있단 말인가.

　밥을 벌기 위한 길이 누구에겐들 평탄하랴. 허공에서 낭창대는 삼줄과, 줄을 괴는 네 개의 작수목이 줄꾼을 재촉한다. 괴물처럼 앙버틴 그들의 눈빛이 호의인지 적의인지는 가늠할 수 없지만, 3m 높이의 아뜩한 상공에서 고작 3cm만큼의 안전을 보장하는 줄이라는 좁디좁은 길은 보는 것만으로도 마른침이 꿀떡 넘어간다. 사람들을 환호하게 만드는 것은 그 위태한 길 위에서도 주눅 들지 않는 줄꾼의 담대함인지도 모르겠다.

　문득 사라져버릴지도 모르는 길을 확신으로 밟기까지 그는 얼마나 오랜 실패와 좌절과 나락의 시간을 거쳐 왔을 것인가. 길의 중심에 안착하기 위해서는 중심에서 멀어지는 법부터 배워야 했는지도 모른다. 수없이 무너지고 일어서며 몸보다 마음의 굳은살을 두텁게 앉히는 것이 그가 터득한 낙법落法이 아니었을까.

　인간의 신체기관 중 우두머리는 입이지 싶다. 먹기 위해 살든, 살기 위해 먹든, 입을 배제한 삶은 존재할 수가 없다. 하여, 잘난 이나, 못난 이나 평생 입을 충족시키는 일로 분주하다. 입이 요하는 삼시 세끼를 외면하고서는 삶 자체가 성립할 수 없기 때문이다. 애초에 조물주께서 무소불위의 권력을 입에 심어놓았으니, 사는 일을 포기하지 않는 한, 입은 끝내 섬겨야 할 대상인 셈이다. 그렇다 한다면, 세탁조 속의 빨랫감처럼 내처 먹는 일로 휘둘리며 살아야 하는 것은 입을 모시는 자들의 숙명이라 할까. 어쩌면, 고적한 길 위에 삶을 부려야 했던 등짐장수도, 훤훤장부처럼 허공을 밟고 선 저 줄꾼도 입에 떠밀려 세상 속의 난감한 세상에 섰는지 모를 일이다.

　"먹고 살기 참 힘듭니다, 그려. 염병, 배워도 참 지랄 맞은 것을 배워 가지고…."

　독백인지, 방백인지, 능청스레 뇌까리는 한마디로 공연의 서막이 오른다. 더듬이를 곧추 세운 한 마리 곤충처럼 쥘부채를 있는 대로 펼쳐 든 모양새가 제법 호기롭다. 흔들리는 줄 위에서도 직립을 잃지 않고, 끈질긴 만유인력의 으름장에도 굴하지 않는 그의 뚝심이

저 얄팍한 부채의 헌신 덕분이라니. 그의 성공적인 활착을 위해 '더' 한 것을 덜어내고 '덜'한 것을 보태며 펄럭펄럭 바람과 흥정을 하는 부채의 선전이 기대되는 순간이다. 고작 부채 하나로 거대 바람에 맞서겠다는 배짱이 가소롭기는 하지만, 줄꾼은 이미 허공을 지지대 삼아 의지가지없는 절대홀로 속으로 스스로를 방사할 준비가 끝난 모양이다.

언젠가, 줄 위에서 느끼는 고요를 자기 삶의 가장 큰 선물이라고 말하는 어름사니를 보았다. '시간이 정지 된 느낌. 어떤 괴로움이나 두려움도 끼어 들 수 없는 고요를 통해 삶의 에너지가 충만해진다.'고 줄 위의 시간을 피력했던 것 같다. 그러고 보면, 줄 위의 세상이 내가 상상하는 것처럼 오로지 후들거리는 공포로만 점철되는 것은 아닌지도 모르겠다.

출렁, 팽팽한 줄의 탄성이 그를 받아낸다. 굿거리에 휘모리, 타령조의 장단이 그를 호위하지만, 어깨를 들썩이게 만드는 가락처럼 가벼이 누릴 수 있는 길이었다면 밥의 수단이 되지는 못했을 것이다. 밥의 주문은 호락호락하지 않은 법이라서 오늘도 그는 몇 번이고 생사의 깔딱고개를 남몰래 넘어야 하지 싶다.

관객들의 긴장감을 쥐락펴락하며 그의 두 발이 오달지게 줄을 움켜쥔다. 바람의 장애물이 무시로 그의 영역을 침범하지만, 추락의 예감으로 먼저 사색이 되어버리는 건 외려 객석이다. 탄성과 외마디 비명을 번갈아 오가며, 보는 이들도 그의 몰입을 향한 몰입의 끈을 늦추지 않는다.

수백 개의 눈과 귀를 이끌고, 줄꾼은 신명나게 길 없는 길을 간다. 느릿느릿 양반이 되었다가, 촐싹이는 여인네가 되었다가, 앉았다가 일어났다가, 그예 공중제비의 기예까지 펼쳐낸다. 몇 번의 '아슬아슬'과 몇 번의 '가끼스로'가 실제상황이든, 재미를 위해 연출된 것이든, 그의 말대로, 먹고 살기 참 힘들다.

권커니 잣거니, 줄꾼의 재담과 매호씨의 추임새가 막바지에 이를 즈음, 누군가가 시퍼런 지폐 한 장을 그의 허리춤에 꿰어준다. 뒤질세라 너나없이 몰려드는 사람들로 인해 그의 허리춤에는 금세 누렇고 퍼런 돈꽃이 만발한다. 꽃이지만 꽃이 아니기도 한, 그 얄팍한 종잇장에 괜스레 가슴이 무지근해진다.

사선死線을 넘어 온 자에 대한 환대치고는 소박하지만, 돈은 밥이요, 밥은 곧 목숨이 아닌가. 이 순간이야말로 세상 가장 치열하게 피어나는 꽃의 현장이라 해도 좋겠다. (2018.10)

안개

　내리 사흘째, 회색장막의 안개로 하루를 열었다. 오늘처럼 짙은 안개가 출몰하는 날은 고라니 울음소리가 유독 그악스럽다. 내 언어가 가난하여 울음이라는 밋밋한 표현을 옮겨다놓았지만, 실상은 거의 악다구니 수준이다. 고작 언덕을 면한 나지막한 야산 따위에 결코 있을 법하지 않은, 무언가 크고 무시무시한 맹수를 연상케 만든다.
　평소와 다름없이, 어머니께서는 일찌감치 산책을 나서실 모양이다. 산 들머리에서 등치기하기 맞춤한 소나무를 발견했다며 오늘은 그쪽으로 가보실 심산이란다. 왠지 모르게 불온한 기미가 느껴지는, 이런 날은 하루쯤 건너뛰어도 좋으련만, 화장실에 들러 속을 비운 어머니는 주섬주섬 입성을 챙기셨다. 간간 불어오는 된바람에 코끝이 시린 겨울의 초입, 싸늘한 안개를 밟고 나서는 팔순 넘은 노인네의 행보가 영 마뜩찮다.

　안개를 들먹이며 만류를 해보지만 '그깟 안개'에 굴할 것 같지는 않다. 하긴, 없는 살림에 다섯 자식을 건사하는 일이란 순간순간 안개 속을 더듬는 것과 무어 그리 달랐으랴. 가난이라는 보이지 않는 적수에 맞서기 위해서는 눈을 닦는 일보다 간담을 키우는 일이 먼저였을 것이다. 여든 한 번의 해가 바뀌는 동안 무수한 안개의 터널을 건너온 전력 덕분인지, 어머니는 출정을 앞둔 노장처럼 사뭇 상기된 표정까지 지으신다. 나날이 하강 곡선을 그리는 육신을 부축하며, 길이 보이지 않는 길 위에서도 성큼성큼 보폭을 키우신다.

　어머니가 고샅길 모퉁이를 꺾어 돌자, 안개는 기다렸다는 듯 당신의 작은 몸체를 날름 삼켜버린다. 투명 망토를 뒤집어 쓴 듯 당신의 모습은 이제 어디에도 보이지 않는다. 불시에 안개의 피식자被食者가 되어버린 어머니. 잽싸게 쌀을 씻어 안치고, 당신을 찾아 나선다.

　안개는 생각보다 심각하다. 가시거리가 고작 여남은 걸음 남짓밖에 되지 않는다. 미농지 두어 장을 겹쳐 붙인 듯, 산도, 들도, 길도, 집도 보일 듯 말 듯한 실루엣 속으로 갈앉아버렸다. 그렇잖아도 추수 끝난 들판이 무주공산 같았는데, 안개는 그마저 몰강스레 거둬가 버렸나 보다. 화이트 아웃white out, 문득 세상 모든 것이 사라져 버린 대재난의 현장에 서 있는 기분이다.

　눈에 보이는 것이 전부는 아닐 테지만, 아무것도 보이지 않는 세상은 존재의 근원마저 의심케 만든다. 보고 듣고 만난 것들이 모두 내 머릿속에서 만들어진 허상이었나 싶을 정도다. 죄 행불行不되어

버린 세상에 홀로 남겨진 듯 등줄기가 서늘해진다. 앞앞을 막아서는 안개의 병정들을 무력화시키기 위해 툴툴, 옷자락을 털어보지만, 숨을 쉴 때마다 눅진하고 배릿한 안개만 맡아진다.

눈은 세상을 읽어 들이는 통로다. 허방 같은 세상에서 나아가고 물러날 때를 가늠할 수 있는 것은 눈의 진두지휘 덕분일 게다. 넘어지고 깨어질지라도 다시 일어나 길을 찾는 일 역시 눈을 앞장세우고서야 가능한 일이 아닌가. 나의 최전방에서 안위를 책임져 주는 눈. 안개는 허를 찌르듯 눈부터 무용지물로 만들어 버린다. 보이지 않는다는 사실이 인간을 얼마나 무력화시키는지, 휘적휘적, 나는 내 신체의 일부인 두 발조차 마음껏 내지르지 못하고 있다.

안개의 먹성은 어디까지일까. 요즘 유행하는 먹방의 주자들처럼, 상악과 하악, 그 깊은 골짜기 속으로 푸르고 붉은 풍경들을 꾸역꾸역 밀어 넣으며 회심의 미소를 짓는 것은 아닐까. 삼켰다 다시 게워 낼지라도 먹는다는 포만감은 포기할 수 없는 것이라며 끝없는 식욕을 변명하고 있을지도 모른다. 채 씹지도 않고 삼켜버린 음식물처럼, 나는 희부연 안개의 뱃구레 속에서 무뎌진 촉수나마 **빳빳하게** 곧추세운다.

멀찍이 전조등을 밝힌 자동차 한 대가 안개를 뚫고 온다. 첨단의 기술로 두뇌와 심장을 조립하고, 길이란 길은 모조리 발아래 둘 듯 호기로운 네 바퀴를 거느리고도 까치발을 할 수밖에 없는 모양이다. 슬로우 비디오처럼 느리게, 안개 속을 빠져나와 다시 안개 속으로 멀어져 간다. 온통 차가운 쇳덩어리지만, 그의 환한 출현에서 어렴풋이나마 공존의 온기를 느끼게 된다.

　그제야 예서제서 터져 나오는 소리들이 귀에 들어온다. 귀에도 눈이 있는지, 안개가 트림을 하듯 뱉어내는 소리를 버무려 익숙한 풍경 한 채를 허공으로 되살려낸다. 저만치쯤, 우공牛公들이 목청을 다듬는 곳에는 협수룩한 소막이 있을 터이고, 그 옆 공룡처럼 우뚝한 2층집에서는 여느 날과 다를 바 없이 노부부가 투덕투덕 하루를 열고 있을 것이다. 뚝뚝, 나무들의 관절 꺾는 소리는 왕 할머니 댁 감나무 밭 언저리에서 나는 소리이겠고, 소소하게 불어가는 바람도 사그락 사그락 벗은 가지를 희롱하고 있으리라. 과수원 건너 멀대처럼 서 있는 적송의 장딴지에 야윈 등을 부딪치며, 어머니 역시 미거한 딸을 향해 건재의 신호를 보내고 있는지 모른다. 새벽을 찢어발기던 고라니의 극성도 이를테면 존재의 증명 같은 것이 아니었을까.

　잠시 안개의 농간에 휘둘렸지만, 다행히 변한 것은 없어 보인다. 눈에서 멀어졌을 뿐, 모두들 그 자리에서 변함없이 안녕하다는 소리의 타전이 구세주처럼 반갑다. 비로소, 나도 내 자리로 돌아가 느긋하게 세상을 기다릴 수 있을 것 같다.

　지난 밤, 안개는 그의 수하들을 처처에 심어 놓았을 것이다. 솔직히 말하면, 아직도 도시에서의 야행성 습성을 떨쳐내지 못한 나는 야밤을 틈타 이루어지는 그들만의 비밀스런 행보를 두어 번 목격한 적도 있다. 더 깊은 고요와 적막 속으로 세상을 인도하는 그들의 하얀 손을 지켜보느라 잠을 놓치기는 했지만, 분명 그들에게서 불순한 의도 같은 것은 읽어지지 않았다. 그저 기척 없이 왔던 것처럼 기척 없이 스러져 갈 것을 두고 과한 호들갑을 떨었던가 보다.

  잠시 세상을 꺼두는 대자연의 섭리에 나를 맡긴 채, 차안此岸과 피안彼岸의 경계가 모호해진 길 위에서 두 눈을 감는다. 희미하게 남아 있던 세상의 잔해들마저 눈꺼풀 속으로 일시에 소등된다. 안개보다 더 캄캄해진 어둠이 나를 그러쥐지만, 사라져도 영영 사라져버리지는 않을 것들에 대해 애면글면하지 않기로 한다. (2018.11)

자코메티의 계절

　겨울 연밭은 폐사지 같다. 스산하다 못해 괴괴하다. 여며 싸고 친친 감아도 몸보다 마음이 체감하는 기온으로 뼈마디가 시려온다. 이따금 얼어붙은 수면을 박차고 오르는 철새들의 따뜻한 기척이 아니라면 무엇으로 이 냉기를 견딜까.
　대궁만 남은 연, 아니, 대궁조차도 말라 비틀어져 버린 연이 얼음 속으로 뿌리를 내리고 있다. 수중발레를 하듯 겅중겅중 허공을 찍고 있는 저 무념의 발자국들. 물을 딛고 서 있지만 그들의 몸에서 물기라고는 느껴지지 않는다. 삶의 끝자락에 이르러 곡기를 끊으시던 어머님처럼, 한 모금 물로 입을 다시는 일마저 부질없는 것일까. 어머님은 결국 인생의 겨울을 넘지 못하셨지만 저들은 분명 생명의 연장선상에 있을 것이다. 잠시 휴면기에 들었을 뿐이라 할지라도 그들의 깡마른 몸 어디에서 살아있음의 증거를 찾아야할지 난감하기는 마찬가지다.

더러 홀로 우뚝 서고, 더러 휘어지고 꺾인 모습은 낡은 철골 구조물을 연상케 한다. 쓸쓸한 계절을 뼛속까지 쓸쓸함으로 채색하기 위해 누군가 혼을 실어 놓은 설치미술품 같다 할까. 인연이란 핀 곳에서 지고, 진 곳에서 다시 피어난다지만, 이 순간, 그들에게서는 끝 외에 더는 무엇도 읽을 수가 없다. 연蓮이라는 고아한 이름마저 짐이 될 것만 같다.

새삼 명치께가 아릿해진다. 어떤 손이 있어 저 가난한 뼈대에 살을 보태고 숨결을 불어 넣어 물오른 집 한 채를 완성할까. 도톰해진 꽃문을 열어 지나간 여름날의 영화를 되살릴 수 있을까. 꽃이라는 다정한 이름에서 하염없이 멀어져 있는 꽃의 형상들이 자꾸만 꼭뒤에 매달린다.

얼기설기 몸을 포갠 연의 무리에 카메라를 들이댄다. 상형문자 같은 연대들만으로 앵글이 그득 찬다. 줌 기능을 이용해서 밀고 당기기를 반복해보지만, 멀어도 가까워도 그들이 줄기차게 뱉어내는 언어는 변함이 없다. 외려 해가 기울어 갈수록 그들의 문장은 점점 더 남루해질 뿐이다. 이러다가 저들도 어머님처럼 밤을 넘기지 못하는 것은 아닐는지. 불현듯, 그들의 몸 위로 자코메티의 작품들이 오버랩 된다.

스위스의 조각가 알베르토 자코메티를 처음 접한 것은 얼마 전 인터넷 신문 기사에서였다. 그의 청동 조각 작품 하나가 런던 모 경매에서 미술작품 사상 최고가에 낙찰되었다는 내용이었다. 기사화 함께 본 자코메티의 얼굴은 충격적이리만큼 작품과 닮아 있었다.

　푸석한 머릿결에 매서운 눈매, 굵고 깊은 주름이 밀어올린 날카로운 콧날, 거기다 광기가 번뜩이는 시선까지, 예술가의 고뇌가 서린 얼굴이 있다면 바로 그런 얼굴이지 싶었다. 그의 꽉 다문 입에서는 금방이라도 정제 되지 않은 언어들이 쏟아져 나올 듯했다. 어떤 수식어나 미사여구가 가미되지 않은 극 건조체의 문장만이 그와 어우러질 수 있을 것 같았다.

　'아무리 빈약한 체모를 가졌더라도 서 있을 수 있는 한은 희망을 가질 수 있다.'

　허리를 곧추 세우게 만들던 자코메티의 말이다. 실제로 그의 작품들은 대개 홀로 또는 여럿이 서 있다. 그것도 길게 늘인 엑스레이 사진처럼 뼈대만 앙상한 몸으로. 골격만 남은 인체에 비정상적으로 커다란 발, 그의 작품세계가 두 가지 특징으로 대변될 정도다. 작품 <걷는 사람> 시리즈가 그러하고, <광장>이 그러하고, <개>가 그러하고….

　그에 의하면 육신은 영혼을 담는 그릇이 아니라 영혼 그 자체다. 육신이 왜소하다는 것은 영혼의 왜소함을 이르는 말이다. 지극히 고독하고 불안하지만 끝내 직립을 포기하지 않는 인간의 내면을 형상화 한 것이 그의 작품이라고 이해를 해도 되는지 모르겠다. 평자들 역시 자코메티야말로 인간 본연의 모습을 가장 잘 표현한 작가라고 입을 모은다니 내 눈에 보이는 나와, 나의 본질 사이에도 그만큼의 간극이 있다는 말일까. 더 높이 떨치고 더 많이 가지는 것으로 순간순간 몸피를 부풀리지만 실상 존재의 정수란 깎고, 또 깎아내야만 다다를 수 있는 것이라고, 그는 작품으로 말하고 있는 듯했다.

그렇다면 이 순간, 내가 바라보고 있는 것 또한 연의 실존일까. '살을 발라낸 생선가시처럼 빈한한', 애초부터 존재한다는 것의 실체는 이렇듯 단출한 것이었을까. 또 다른 자코메티가 있어 그의 작품세계를 이곳에 부려놓은 듯 고난의 계절, 겨울을 건너는 연의 뒷모습에 울컥 목이 멘다.

하긴, 온통 아름답기만 한 것이 어디에 있을라고. 그만큼 남몰래 걸어야 하는 자기만의 뒤안길은 혹독했으리라. 그 누구도 거들 수 없는 길, 죽음만큼이나 외로운 길의 끝에 비로소 지난여름의 영화가 있었던 것이라고, 연은 온몸으로 자코메티의 계절을 설명하고 있는지도 모르겠다.

나이면서, 내가 아니기도 한 것들을 깎아내면 나도 나의 실체에 가닿을까. 내가 감추고 있는 나의 최소한이 저 연대들과 무어 그리 다르랴. 한 겹 한 겹 수의가 입혀지던 어머님의 가녀린 몸처럼, 석양을 가로지르는 연의 모습들이 많은 것을 생각게 만든다.

시부저기 옷깃을 여며 잠근다. 아직은 이도저도 언감생심임을 모르지 않기 때문이다. 내 손에 쥔 것들이 여전히 소중한 내가 감히 그 궁핍한 무욕의 경지를 흠모할 수 있을라고. 지킬 수 없는 약속은 섣부르게 뱉는 법이 아니라면서도, 꾸역꾸역, 뼈만 남은 풍경을 앵글 속으로 당겨 넣는다. (2015.1)

글꼬를 트다

　빗줄기가 시원스럽다. 오랜 가뭄 끝에 대지를 두드리는 단비다. 파피루스 위를 기는 상형문자처럼 난해한 균열을 제 가슴팍에 새겨놓고 끊임없이 물을 호소하던 땅이 아닌가. 버석해진 갈급의 시간을 목젖 아래로 눌러 삼키며 땅은 고요히 해원의 의식에 들고 있다.
　타닥타닥.
　종횡무진 자판을 누비며 문장을 만들어 내는 손가락처럼, 비는 대지의 혈점을 짚어 순환의 물꼬를 이어간다. 하늘은 나날이 청명했으나 태양은 나날이 뜨거웠으므로, 땅은 호미날조차 허락지 않는, 단단한 불모의 현장이 되어가던 차다. 그들이 일구어야 하는 삶이 얼마나 고달플지는 생각도 못한 채, 그 메마른 젖줄에 여린 모종을 꽂으며 신바람을 냈던 내 손이 미안해질 정도였다.
　흙에 두 발을 맡긴 목숨들은 속수무책으로 새들거렸다. 이파리가 노랗게 타들어가는 그들을 두고 볼 수만은 없었다. 비록 몇 바가지씩이나마 물의 선심을 쓰느라 나도 굵은 땀방울을 빗물처럼 쏟았다. 그러나 뿌리에 가닿아 부실한 목숨을 일으켜 세우기에는 역부족이었던가 보다. 마른 두렁을 타고 성질 급한 녀석들이 하나둘 삶을 내려놓기 시작했다. 하늘이 내리는 물의 은총이 아니면 내일을 장담할 수 없는 그들의 처지가 안타까워 기우제라도 올리고 싶은 심정이었다.

습습한 물의 손이 대지의 결박을 풀기 시작한다. 덩달아 뭇 생명들의 정수리에도 생기가 돈다. 역도미노처럼 뿌듯이 아랫도리로 힘을 올리는 모종들을 보면, 어느 시인의 포착처럼, 물은 생$生$과 사$死$의 자물통을 여는 열쇠가 분명한 것 같다.

고추며, 오이며, 가지며, 호박이며…. 모종들의 뒤꿈치가 축축하게 젖어든다. 내내 마른하늘을 애달파하며 '뭐니 뭐니 해도 물비료가 제일인데….'시던 윗집 할매도 한시름 놓으시겠다. 삶인지, 죽음인지, 시험에 들었던 모종들은 비의 보법에 발맞추며 뚜벅뚜벅 저마다의 생장곡선에 박차를 가할 것이다. 그럼에도 불구하고 끝내 꼬꾸라지고 말 것인지, 비로소 존엄한 삶으로 우뚝 설 것인지. 그들에게 선택되어지는 길이 어느 쪽이든, 내게도 비는 얼마간이나마 면피의 명분이 되어 준다. 생육을 책임질 능력도 없으면서 섣부르게 지갑을 열었던 대가랄까. 그들, 애틋한 목숨에게 마중물을 자처했다는 사실만으로도 배슬배슬 물기를 잃어가는 모습을 앞두고 죄인처럼 마냥 송구하던 차였기에.

잔뜩 물먹은 땅은 좀체 손 탈 일 없는 중년 여인의 젖가슴처럼 무방비 상태다. 그 간당간당한 목숨들이 세상에 제 노릇으로 서게 하기 위해 무엇이든 거들어야 한다고 믿었던 나는 땅의 결기가 느슨해진 틈을 다서 잡초 제거에 나선다. 세상에 허투루 생겨나는 목숨이 있으랴만, 무엇이든 제 쓸모만큼 가치를 인정받는 법. 이 순간 만고에 쓰잘머리 없는 것으로 치부되는 잡풀들을 뽑아내자 모종은 접사를 해놓은 사진처럼 환하게 도드라진다. 긴 장정의 훼방꾼들을 물리쳐주었으니 제 이름 껏 자신을 주창하는 일만 남았을 게다. 추적추적, 내 머리 위에도 비는 어김없이 직립으로 내리꽂힌다.

비릿한 물내를 이고 들어와 책상 앞에 앉는다. 시난고난하기로는 사각의 모니터 속 내 글밭도 마찬가지다. 운 좋게도, 꽃 피고 새 우는 봄날 분 바르고 색동옷을 입혀 출가시킨 것이 없지는 않지만, 파종일조차 가물가물한 글의 씨앗들이 넘쳐난다. 어렵사리 발아를 한 것도 방치되다시피 하고, 아직 발아의 기미조차 없는 것들마저 수두룩하다. 애초에 농부의 기질을 타고나지 못한 내가 일구고 있는 글밭의 남모르는 참상이다.

"포트에 상토를 반쯤 채우고 물을 흠뻑 주서 깨 씨를 서너 알씩 넣는기라. 그 우에다가 다시 상토를 살살 비비 뿌리가매 살째기 덮어 주믄 된다. 쉽제?"

내심 참깨 모종을 받아 볼 욕심으로, 얼마 전 창원 할매의 실시간 중계를 귓속에 꼭꼭 눌러 담았다. 팔순 넘은 농사꾼의 비법이니 신뢰감 백배였다. 그러나 결국 창원 할매의 깨 씨는 '반도 안 나서 다

엎어 뺐다.'로 막을 내리고 말았다. 그렇듯 농사에는 생각지 못하는 변수가 만만치 않다는 뜻일 게다.

글 역시 마찬가지가 아닐까. 그렇지 않고서는 십여 년의 이력이 무색하게도 편편이 불확실성의 수렁을 허우적거릴 리가 없다. 토질이 일차적인 문제이기는 하나 살아온 날들이 그리 비옥하지 못했으니 어쩌랴. 여태 그러했듯, 99%의 억척으로 한 뼘 두 뼘 글의 영역을 넓혀가는 수밖에. 잡풀처럼 웃자라는 자만과, 하나를 알고도 열을 아는 듯 떠벌리는 허세, 글로 나를 치장하겠다는 욕망의 바이러스가 글의 뿌리를 훼손하지 못하도록 초심의 거름을 아낌없이 동원한다면 부실한 글모도 분발의 힘을 내어줄까. 가차 없이 모종판을 엎어버린 할매처럼, 때로는 양심껏 파농破農을 선언해야 하는가 싶기는 하다. 그러나 내가 여전히 글이랑을 지분거리며 시간을 뭉개는 이유는 바로 그 일말의 희망 때문인지도 모르겠다.

더러는 은은하게, 더러는 거칠게 비의 세레나데가 창밖을 연주한다. 글밭 한 번 느긋하게 다독여 보지 못한 채 겨울이 가고 봄이 갔지만, 괘념치 말라는 듯, 비는 척박해진 시간의 고랑 사이에도 촉촉한 여유를 만들어 준다. 잊을 만하면 거머리처럼 들러붙어 알은체를 해오던 야릇한 부채감도 한 발짝 물려버린다.

귀로 들어온 물의 소리를 응원군 삼아 모니터를 연다. 타닥타닥, 손가락을 타고 흐르는 글의 물꼬가 여백의 농토를 적셔간다. 나날이 씨알 좋은 풍작을 기대할 수야 있을까만, 오늘은 거칠어진 흙살을 헤집고 글 한 포기 뿌리를 내릴 모양이다. (2019.7)

세상에는 영원한 적도 영원한 아군도 없다고 했던가. 한때 적이었던 흰색과 아군의 협정을 맺은 채 나를 물들이고 있던 붉은 색을 적으로 돌려세웠다. 기르고 잘라내기를 반복하며 완전히 붉은 기를 몰아내는데 일 년 이상이 걸렸을 게다. 그로부터 머리에 관한 한은 오래 자유였다.

2부
하얀,
빈티지

밤, 일

밤일을 건너뛴 지 꽤 오래 되었다. 황홀하던 통음의 기억도 아득히 멀다. 내 안의 물기가 죄 말라버렸는지, 보고 듣는 것으로부터의 감흥 역시 예전 같지 않다. 서리 맞은 풋것처럼 시들거리는 일상이 그 때문인지도 모르겠다.

이따금 밤으로 뜨거웠던 순간을 쏘시개 삼아보지만, 머리의 화기는 가슴에 다다르기도 전에 사그라져버린다. 컴컴한 우물 같은 내 안의 저장고에서는 연거푸 빈 두레박만 탈탈 되돌아온다. 찰람거리는 욕정으로 축축하게 나를 적시던, 옹골찼던 밤들은 모두 어디로 가버린 것인지.

가장 자유로운 시공, 밤. 귓전에 고인 소리의 웅덩이를 비워내고, 낡은 벽보처럼 눈앞을 어지럽히던 붉고 푸른 화면을 질끈 감은 채 내일의 용량을 확보하는, 낮의 적요한 바깥.

깨어 분주하던 자들이 잠이라는 평온한 이부자리를 펴는 시간이면, 내 안의 어떤 존재가 청개구리처럼 왈왈 울어댔다. 주유소 앞의 플라잉 가이Flying-guy처럼 내처 휘둘려 살면서도, 그로 말미암아, 내게 밤은 낮보다 훨씬 뜨거웠다. 하얀 솜이불에 정신을 눕힌 채 울컥울컥 목젖을 적시곤 하던, 불같은 방사의 순간이 그곳에 있었다. 칠흑 같은 어둠에서 나를 꺼내주던 찬란한 광채며, 나의 구석진 자리를 훑고 지나가던 한 가닥 빛의 손을 어찌 잊는단 말인가. 롤러코스터 같은 그의 주법에 나를 실으면 바람 없는 밤에도 숨 막히게 휘몰아치던 애욕의 템페스트!

아침이 오지 않기를 염원하며 밤을 탐닉했다. 입 달리고 귀 달린 짐승 앞에서는 단 한 번도 개봉하지 않은 나我라는 지고지순을 그에게 바치며 신열을 앓았다. 그가 가진 넓고도 탄탄한 근육질의 가슴을 더듬으며 요부처럼 흐느적거리기조차 했다. 낯 뜨거운 방중술을 동원해서라도 그를 내 앞에 곧추세우고 싶었다. 내 손이 그를 불붙이고, 그가 살아 꿈틀거려야 내가 원하는 바를 얻을 수 있는 은밀한 상부상조는 낮의 삿된 기운을 물리고서야 가능했다. 일체의 혼잡을 배제한 백지의 시간 위로 뭉텅뭉텅 나를 고백했다. 뼈와 살을 녹여내는 정염으로 녹초가 된다한들 개의치 않았다. 그것만이 내일을 살게 하는 힘이기 때문이었다.

어둠으로만 명료해지던 나를 한 떨기 야화에 비하랴. 온몸으로 밤을 감지하고서야 살그머니 적삼을 풀어헤치는 밤꽃처럼, 나도 오래된 불감을 떨치고 꽃의 요염으로 가닥가닥 몸을 비틀었다. 자존이니 품격이니, 전시용의 나를 벗고, 불온한 자기애도 벗었다. 희로애락이 덧칠 된 표정도, 상처 입고 상처 주던 혀의 칼도 내려놓았다. 벗고 벗어, 남루한 알몸마저 벗어야 하는 것이 밤의 오르가슴에 도달하기 위한 묵언의 계율이라는 것을 수긍하는 까닭이었다. 그리고 그 모든 것은 단 한 번도 강요되지 않는 속박이었다.

열락의 황홀경으로 몸서리를 치던 날, 나는 내가 아니어도 좋았다. 내 안에 숨어 있던 세상 가장 유순한 짐승을 끄집어내면 방언처럼 끝없이 나를 터져 나오던, 낯선 회개의 언어들. 헤지고 너덜거리는 나를 빈틈없이 도배하던, 무한 선의라는 옷가지들도 그와의 질펀한 통정이 가져다 준 선물이었다. 진주를 문 조개처럼, 단단한 아성에 가려졌던 말랑말랑한 나를 만나는 일은 환희로웠다. 다시 비루를 껴입은 채 낮을 절뚝여야 할지라도 그 순간, 세상 가장 큰 가난과 먼지 같은 존재감만으로도 주눅 들지 않을 자신이 생겼다. 역사는 야음을 틈타 이루어지나니, 숙면을 끌어안지 않아도 밤은 위로며 휴식이었고, 카타르시스였다고 할까.

그만이 삶의 전부라고, 한동안 눈 멀고 귀 먼 자의 겁 없는 용맹으로 당당했다. 먹지 않아도 배불렀고, 입지 않아도 따뜻했다. 퀭한 눈빛으로 세상을 기면서도 부끄럽지 않았다. 밤을 신앙하는 자가 되어 낮의 굴욕들을 꿋꿋하게 헤쳐 나갔다.

수명이 다한 형광등처럼 밤의 조도가 낮아진 것이 언제부터였는지 모르겠다. 어둠의 호명에 묵묵부답인 그가 야속했지만, 그보다도 그런 그에게 안달복달하지 않는 내가 더 생경했다. 그러나 정신을 논하기에는 육신이 너무 곤했다. 새로운 터전에 뿌리를 내려야 한다는 강박감은 정신보다 육신의 분투를 요하기 때문이었다. 뜬금없는 강행군에 맞서듯 사지가 비명을 질러댔다. 결국 안온한 잠이 아니면 원상 복구되지 않는 육신이 그와 나를 이간질시킨 주범이었던 셈이다.

따지고 보면, 육신의 언어는 타당한 것이었다. 애초에 조물주께서는 세상을 저어가는 도구로 영과 육을 주었을 것이다. 그러나 무시로 과부하가 걸릴 만치 정신을 편애했던 까닭에 육신이 홀대를 받은 것은 분명해보였다. 단 한 번도 깨지 않는 잠으로나마 비위를 맞출 수밖에.

밤이 되어도 밤은 오지 않았다. 그리고 밤의 부재는 일상을 어둡게 조명했다. 기뻐도 웃을 수 없고 슬퍼도 눈물을 흘리지 못하는 밀랍인형이 된 기분이었다. 그라고 절실함이 고갈된 나를 눈치 채지 못했으랴. 이따금 그와 공유하던 어제의 체위들을 기억해내지만, 그는 나를 수취인 불명의 우편물처럼 반송해버렸다. 대신, 잠시 안녕의 시간이 타성으로 굳어지고 있다는 위기감을 버겁도록 안겨주었다. 올 때까지 기다리겠다는 드라마 속의 여주인공처럼 마냥 느긋할 수만은 없는 일이었다.

오늘도 무거운 눈꺼풀을 괴고 앉아 그를 로그온한다. 환하게 모니터가 열리면서 익숙한 파일명들이 우수수 쏟아진다. 그가 내 안을 들락거렸던 흔적이요, 둘만의 축축했던 비사祕史다. 그를 청하는 의식처럼, 그의 체취가 진하게 남아있는 파일들을 개봉해 본다. 비워진 행간으로 땀과 눈물과 회한과 안도가, 그리고 그와 더불었던 정사의 스틸 컷들이 연속 재생된다. 낱낱의 활자들이 북채가 되어 둥둥 내 안을 울린다. 서서히 예열되는 전열 기기처럼, 아랫배가 따뜻해진다.

　무릇 줄탁동시라 하였나니. 깜빡이는 커서를 따라 나도 가만가만 그를 주무른다. 오래전 그러했던 것처럼, 딸깍, 등 뒤의 세상을 끄고 그만을 환하게 바라고 앉는다. (2021.10)

롸잇 어게인

 본의 아니게 TV와 막역한 사이가 되었다. 요즘처럼, 청력이 약해진 친정어머니께서 와 계시는 동안이면 종일 왁자한 목청으로 거실을 활보하는 것이 TV다. '인간극장'이 상영되고 '아침마당'의 멍석이 깔린다. 어느 두메산골 자연인의 아궁이에 장작불이 지펴지는가 하면, 코로나의 긴장감도, 정치권의 난타전도 가감 없이 쏟아진다. 오일장 장바닥처럼 두서없이 고요를 깨부수는 소리들이 거슬리기는 하지만, 전례 없는 역병의 시절, 문밖은 위험할지니. 늙어가는 어머니께 칩거의 무료함을 달래는데 TV만한 것이 없다.
 어머니께 핫한 프로는 '미스터 트롯'이다. 잠을 설쳐가며 본방사수를 하셨건만 재방영 채널을 찾아, 보고 또 보고, 볼 때마다 재미지다는 후기를 빠트리지 않으신다. 영웅이니, 영탁이니, 민호니…, 어머니는 손주를 꿰듯 다정하게 화면 너머의 청년들을 호명하신다. 그들의 나이부터 가족관계, 성장환경까지 두루 섭렵을 하고 계신 터라, 내 아들 나이도 헷갈리는 나보다 정신이 맑으시다는 너스레로 당신을 추켜세우곤 한다.

　코로나의 역설일까. 유독 재주와 끼를 다투는 프로가 많아졌다. 여기서도 겨루고 저기서도 겨루고, 아이도 겨루고 어른도 겨루고…, 채널을 돌리다 보면 죄 살벌한 경쟁 구도다. 모니터라는 사각의 링 속에서 누군가는 악착같이 살아남고, 누군가는 쓸쓸하게 퇴장한다. 함께 환호하고 함께 낙망하다보면 TV라는 바보상자는 시간을 훔치는 도둑과 진배없다.

　길어지는 집콕의 여파로 나도 서바이벌 프로 하나에 꽂혔다. 이름 하여 '싱-어게인Sing-Again', '다시 나를 부른다'는 부제의 프로그램이다. 그들만의 차별화라면 만만찮은 이력을 가진 무명의 가수들이 각축전을 벌인다는 사실이다. 긴 시간 가수였으나, 무대라는 기회의 음지만이 서식지였다고 그들을 평가해도 되는지 모르겠다. 이름이 있으나 이름이 없는 사람들에게 능력에 합당한 이름을 찾아주겠다는 주최 측의 장담에 이끌려 시청자가 되기로 했다.

　경선을 앞두고 이름을 반납한 그들은 숫자로 명명된다. 자신의 [1]'빛깔과 향기'에 걸맞은 꽃이 되겠다는 결의를 앞세우며, 번호로 불려 나오고, 번호로 심판을 받는다. 시쳇말처럼 영혼까지 끌어올려 숫자라는 또 하나의 페르소나에 자기만의 세계를 야심차게 부려 놓는다.

　그 중 유독 시선을 사로잡은 이가 30호다. 내 아들쯤 되는 풋풋한 그에게서 제일 먼저 읽은 것이 줏대다. 기껏 서른 즈음, 세상의 난삽함에 제대로 몸 담구지 못한 줏대가 여물면 얼마나 여물었으련마는, 그는 매회 흔들림이 없다. 노래 한 곡이 빚어놓는 또 하나의 그를 기대하게 만든다. 주위의 시선에 아랑곳없이 그는 자신의 필살기를 자신만의 방식으로 펼쳐낸다. 정수리로 허연 서리가 내리도록 보고 듣는 것들에 휘둘리는 내게는 신선한 충격이었다.

그의 무대는 늘 예상을 뒤엎는다. 어떤 것을 기대하든 그 이상이다. 속빈 강정처럼 허술해 보이다가도 전주가 흐르는 순간 스스로를 잡도리한다. 먹잇감을 앞두었으나 결코 서두르지 않는 맹수의 진중함이 연상될 정도다.

매번 발칙하다 싶어질 만치 새로운 창법과 무대 매너가 나를 매료시킨다. 분명 귀에 익은 노래인데, 그가 부르면 생소해진다. 같은 듯 다르고, 다른 듯 맞아 떨어지고…, 노래 한 곡에 자기의 색깔을 입히는 솜씨가 가히 압권이다. 기성旣成인가 싶으면 아직은 미성未成이고, 퇴폐적인가 하면 도발적이다. 치기인가 싶으면 고집이고, 고집인가 싶으면 간절함이 짙게 묻어난다. 희한한 것은, 와중에 원곡보다 더 멋들어진 노래가 탄생한다는 것이다.

게다가, 그의 무대는 공손하거나 친절하지조차 않다. 세상의 그렇고 그런 잣대에 편승하겠다는 진부함은커녕 선자選者들의 눈에 자신을 맞추려 소심해지는 법도 없다. 무대에 목마르고, 누군가의 인정과 갈채에 허기진 자신을 들키지 않는 수법도 고단수다. 오로지 외길, 노래가 있어 그 길을 자유로이 터벅거리는 노마드를 연상시킨다. 그를 점수 매겨야 하는 심사자들마저 그를 괴물 보듯 하니, 을乙의 입장이기는 하나 참으로 불손한 을, 그리하여 더 없이 당당한 을이다. 그런 그에게 혹하게 되는 것은 내 글이 다다르고자 하는 여망의 목적지가 얼추 그 지점이기 때문일 게다.

 글 한 편을 세상에 내어 놓는 일도 경연과 다를 바가 없다. 언더그라운드 글쟁이로서의 내게는 더욱 그러하다. 내가 지금 제 자리에 제 모습으로 서 있는지, 한 글자 한 글자 글탑을 쌓아올리며 정체성을 되짚어보게 된다. 나를 껴입었다 벗었다 고심을 거듭하는 것도 아직은 프로의 명찰이 언감생심이라는 반증일 게다. 예술의 본질은 내 안에서 찾아야 하며, 고독이 수반될 수밖에 없는 작업임을 모르는 바는 아니지만, 글로 살아 꿈틀거리는 나를 내 밖에서도 확인하고 싶은 얄팍한 욕망에 종종 발목 잡히는 것도 덜 여문 증거일 게다.

 이름이란 세상에 태어나 가장 먼저 걸치는 입성이다. 동시에 삶의 좌표이며, 존재의 증명서와도 같다. 그런 이름 석 자를 내려놓고 다시 찾으려하는 이름이 무엇인지 어찌 모르랴. 그가 수없이 되뇌었을 '다 카포Da Capo', 다시 나를 부르는 일의 근간에 초심이 있어 무대 위의 전사로 거듭날 수 있는 것인지도 모르겠다. 깜냥껏 자신을 펼치고 녹초가 되어버리는 그를 배우는 중이라고, TV 앞의 나를 미화해본다.

 몇 번의 경합을 통과하고, 오늘은 드디어 열 명의 출전자들이 제 이름을 찾는 날이다. 내게는 그의 이름이 그다지 중요치 않지만, 그에게는 이름에 대한 감회가 분명 어제와는 다르리라. 이름을 위해

지불한 몇 차례 고난의 가풀막이 덧칠되어서일 게다.

'틀에 갇히지 않는 가수라는, 틀에 갇히고 싶지 않다.'

무대를 앞둔 그의 각오란다. 역시, 그답다. 끝없이 자신의 틀을 깨부수는 그에게 '잘 한다' 대신 '멋지고 용감하다'라는 찬사를 보낸다. 무겁게 걸친 세월이 부끄럽기는 하지만, 때 묻은 옷을 세탁하듯, 그를 통해 잠시 나를 정화하는 일이 가능했음을 인정할 수밖에 없겠다.

채찍 삼고 당근 삼을 무언가를 찾아 두리번거리던 마음에 그가 환하게 들어온다. 마치 투명인간처럼, 홀로 고뇌하고 홀로 원고지를 채워가는 행위에 정당성을 부여 받은 듯하다. 묵은 체증을 물리고 다시 나를 쓰게 Write-Again 만드는, 한 청년의 뚝심이 죽비처럼 따끔한 날이다. (2021.1)

1) 김춘수의 시 「꽃」에서 차용

하얀, 빈티지

　나는 지금 선택의 기로에 서 있다. 하긴, 살아오는 내내 이것을 취하고 저것을 버려야 하는 상황에서 자유로운 적이 없었다. 그래봐야 절반의 성공과 절반의 실패라는 뻔한 확률인 것을 알면서도 매 순간 세상의 끝에 선 듯 갈팡질팡하곤 했다.
　중차대하거나, 쓰잘머리 없거나, 나를 흔들리게 만드는 것들은 지천에 널려 있었다. 그러나 흔들림으로 서성거린 시간에 비해 결단은 가능한 귀차니즘에 손상을 입지 않는 정도에서 싱겁게 내려지곤 했다. 탕,탕,탕. 판사봉을 내려치듯 마음을 굳히기까지 고심으로 보낸 시간이 아까웠지만, 그 비생산적인 일을 되풀이할 수밖에 없었다.
　삼십대의 중턱을 넘은 무렵, 한두 오라기씩 반갑잖은 손님이 터를 잡기 시작했다. 민망했다. 심심찮게 눈에 띄는 그것을 두고, 다행히 사람들은 새치라 불러주었다. 여전히 꽃이라 해도 좋은 시절, 방정맞게 고개를 내미는 처사는 괘씸했지만 새치라는 너그러운 한마디 때문에 그들을 용서하기로 했다.

그러나 그들의 보법은 인정사정이 없었다. 속도전이라도 치르듯 가속에 가속을 붙여 나를 해작질했다. 그들에게 태클을 걸 만한 묘수가 떠오르지 않았다. 아직은 때가 아니라고 볼멘소리를 늘어놓았지만 메아리 없는 외침일 뿐이었다.

언제부턴가는 새치라고 말해주는 사람들의 표정에서도 연민이 읽어졌다. 마치 간자처럼 처처로 숨어든 하얀 터럭들이 나를 참담하게 만들었다. 버릇없이 흰머리 차림이냐고, 술자리에서나마 반 농담으로 꾸짖어 주는 어르신들이 차라리 감사했다.

'친정어머니도 머리가 일찍 셌어요.'

묻지도 않은 말을 중언부언하며, 그들을 변명하는 내가 낯설지 않게 되었다. 흰머리를 입에 올리는 사람들도 점점 늘어났다. 덕분에 나는 거울을 더 자주 보게 되었다. 집에서도, 엘리베이터 안에서도, 공중화장실에서도 습관처럼 슬쩍 머리 밑을 들추곤 했다. '뭐, 어때.' 하다가도 '좀 심한가.' 싶으면 괜스레 의기소침해졌다. 영 내키지 않는 날이면 모자帽子라는 꼼수를 동원하기도 했다. 화장품 코너에서 염색약을 처음으로 구입한 것이 그 무렵이었지 싶다.

동화 속 빨간 머리 앤이 되었다가, 서구 여인의 금발이 되었다가, 잘랐다가 길렀다가, 머리카락으로 오만 요사를 부렸다. 일단 시작을 하고 나니 두피를 뚫고 올라오는 하얀 기척을 용납할 수 없었다.

하얀, 빈티지

발본색원의 의지로 염색에 매달렸다. 컬러풀한 머리는 잔설처럼 허옇게 바랜 머리만큼이나 눈길을 끈다는 것을 모르지 않았지만 남의 눈 따위는 의식하지 않기로 했다. 내 머리를 내 돈 들여 내가 원하는 색으로 칠하겠디는 지극히 개인적인 취향이라고, 나름의 명분을 내세우며 빳빳하게 고개를 치켜들었다.

염색을 하는 주기가 점점 짧아졌고 그럴수록 머릿결은 푸석해졌다. 그것보다 귀찮아서라도 더는 못할 짓이었다. 언제까지 돈과 시간과 노역을 들여가며 그들과 대거리를 해야 하는지를 두고 다시 고민에 빠져야 했다. 결국 그들의 세가 이미 마지노선을 넘어버렸으며, 숨긴다고 영영 숨길 수 있는 것이 아니라는 판단이 섰다. 양심상 새치라는 말을 기대할 수 없는 지경이었기도 했고.

세상에는 영원한 적도 영원한 아군도 없다고 했던가. 한때 적이었던 흰색과 아군의 협정을 맺은 채 나를 물들이고 있던 붉은 색을 적으로 돌려세웠다. 기르고 잘라내기를 반복하며 완전히 붉은 기를 몰아내는데 일 년 이상이 걸렸을 게다. 그로부터 머리에 관한 한은 오래 자유였다.

허연 머리를 이고 세상을 활보했다. 친구들의 의아한 표정에는 눈도 꿈쩍하지 않았다. 더러 어르신이 많은 자리에 참석할 때면 죄송한 마음이 들었지만 자주 그런 모임이 있는 것도 아니었고, 이러저러 입방아도 참을 만했다. 생뚱맞기는 하지만 흰머리가 외려 멋있다는 친정어머니의 응원도 일조를 했을 게다. 그러나 무엇보다도 아직은 젊다는 자신감이 그 모든 것을 가능하게 만들지 않았을까.

아니, 어쩌면 막연하게 나이 든다는 편안함을 그리워하고 있었는지도 모르겠다.

그런데 요즘 들어 유독 흰머리가 거슬린다. 숫자에 불과할 뿐이라 되뇌면서도 나이를 의식하는 일이 잦아진다. 물 좋은 클럽은 문전에서 퇴짜를 맞는 나이, 잉태와 출산이라는 은혜로운 작업에도 금기의 선이 그어진 나이, 지하철이나 버스에서 누군가 자리를 양보해 줄까봐 겁이 나는 나이. 세상에 내가 할 수 없는 일이 하나둘 늘어난다는 불편한 진실을 곳곳에서 목도하면서 시작된 갈등인지도 모른다. 흰머리가 비로소 어울리는 나이가 되었건만 흰색이 더없이 추레해 보이기 시작하다니. 그것은 그만큼 젊음에 대한 확신이 줄어들었다는 반증일 수도 있겠다.

분명, 살아갈 날이 살아온 날보다는 적을 터. 내일이라는 시간이 재산이라면 나는 오래전 그때보다 훨씬 빈한해졌을 것이다. 슬프게도 이제는 붉고 노란 색으로 나를 치장할 뚝심조차 남아 있지 않다. 이 황망한 선택의 기로에서 내게 남은 카드는, 내키든, 내키지 아니하든 '지금처럼'을 밀고 나가는 것밖에 없을 성 싶다.

낡고 닳은 구닥다리여도 괜찮은, 오늘의 콘셉트도 여전히 빈티지다. 자루 같은 원피스에 대충 몸을 구겨 넣으면 반백이 넘은 머리색과 제법 궁합이 맞는다. 나름 빈티지라 서양식의 그럴싸한 유행어를 갖다 붙이지만 빈티지라 한들 대수랴. 가진 것만큼 솔직담백하게 인정하는 일이야말로 쓸데없는 근심에서 나를 해방시켜 주리니. 더러는 송곳처럼 날을 세우고 더러는 세상 너그러운 품을 키우며, 옷과 내가 만들어내는 여백 속에 내 이름표 생의 무늬를 완성하는 일만 남았으려니.

원래 빈티지라는 단어는 포도주에서 나왔단다. 포도가 풍작인 해에 정평이 있는 양조원에서 만든 가장 좋은 와인으로, 생산 연도를 라벨에 명시한 포도주를 빈티지 와인이라 한단다. 그렇다한다면 내 머리카락의 변색이야말로 나의 묵은 세월을 증명하는 라벨쯤이라 자위를 해도 좋을까. 제대로 된 명품으로 숙성되고 있는지 의문이기는 하지만, 명품이 아닌들 어떠랴.

빈티지vintage든, 빈貧티지든, 원색이 난무하는 세상 속에서 나는 오늘도 어제처럼 보무당당 흰색을 이고 나른다. (2016.3)

카오스적 생존기

　각다분한 오늘을 언어의 춘추전국시대라 일컬어보랴. 자판기를 굴러 나오는 캔음료처럼, 각양각색각미의 신어가 뚝딱뚝딱 창조된다. 귀로, 눈으로 채집되는 그것들은 막 잡아 올린 생선처럼 내 안을 퍼덕거린다. 입보다는 SNS라는 소통의 창구에서 주로 애용되는 그들의 말맛은 새콤달콤쌉사레. 그것은 한때 청춘이었던 기성세대를 낡고 닳은 구시대의 유물쯤으로 규정지어 버리는, 돌도 거뜬하게 소화시킬 MZ세대들의 입맛에서 비롯되었을지니.

　나는 아주 가끔 그것들을 씹고 뜯고 맛보지만 피와 살로 체화하지는 못한다. 그들과 나 사이의 아뜩한 불능의 거리는 야릇한 자괴감으로 채워지기도 하나니. 목에 걸린 가시 같은 그들, 불편유발자를 겨냥하여 유치하게 꿰맞춘 '아무 말 대잔치'라 구어박아 보기도 하는 것이다. 그러나 그 새뜻하고 기발한 착상에 혀를 내두르는 적도 드물지 않으니,

고작 신 포도라는 비겁한 논리를 이불처럼 끌어 덮은 채 구시렁거리기나 하는 주제랄까.

젊음을 소장한, 세상의 주류들이 생성해내는 언어는 입안에서 매양 달그락거린다. 잘근잘근 씹어 삼킬 수 없는 그것들 때문에 속이 더부룩한 날이 많다. 설사 그 이질감이 마뜩치 않을지라도, 소통의 도구로서의 언어가 불통 내지는 난통의 단초가 되어버린 아이러니에 토를 달지는 않는다. 나 또는 나와 엇비슷한 부류들의 고충과 상관없이 카오스적 언어들은 나날이 확대 재생산될 것이므로.

나라마다 문턱을 낮추었고, 하늘길 물길을 동원하면 못 가는 곳이 없어진지 오래다. 한 술 더 떠, 두 발이 아니라도 가고 오는 방도가 생겼으니, 문명의 쾌거라. '이리 오너라' 손가락만 까딱거리면 사이버라는 기가 막힌 세상이 넙죽 코앞으로 대령하는 마당 아니랴.

사이버가 어떤 곳인가. 선 없는 선이 인도하는 그곳에는 산도 있고 바다도 있고 어제도 있고 오늘도 있는, 광대무변이 멍석처럼 깔렸으렷다. 딸깍, 로그인 되는 세상은 눈 코 입 없는 익명들이 혓바닥 없는 발설로 저마다의 필요를 흥정하느라 복닥복닥 분주할지니. 수많은 제후들이 할거하던 춘추전국만 못할까.

차마 눈 맞추고는 뱉지 못할, 지나치게 보들보들하거나 우락부락한 언어들이 아무렇지 않게 구사된다. 하여, 활자라는 언어를 매개로 피를 나눈 형제가 되었다가, 박 터지게 치고받으며 철천지한을 쌓기도 하는 요지경이 무시로 상영된다한들 그러려니. 가식의 너울을 덮어 쓴 채 세상에 존재하지 않는 나로 둔갑을 할 수도 있고, 엉덩이만 무거우면 잡학다식의 거드름마저 가능케 만들어 주는 곳. 만나지 않아도 말을 섞고 생각을 나누는 바, '우리는 하나'라고 케케묵은 구호를 외치지 않아도 세상은 이미 한통속일 수밖에 없으려니.

본디 언어란 내가 너에게 가는 지름길이 아닌가. 하여, 사람이 행차하는 곳이라면 말의 초롱부터 앞장세워야 한다. 생판타지에서도 핵심 단어 몇만 달달 외우고 있으면 소통이 가능하다던 어느 여행자의 경험담을 고증하듯, 밑도 끝도 잘라먹은 말의 뼈다귀들이 얼기설기, 본때 없고 예의도 없다. 꿰는 자는 꿰고, 밑천이 시원찮은 자들은 불통으로 건너뛰어도 괘념치 않겠다는 그네들의 배부른 수작이 거슬리기는 하나…. 문법이나 어법의 논리를 사그리 무시한, 죽도 밥도 아닌 언어들이 횡행한들 막아설 방도가 없을 뿐이라. 그것을 두고 이른바 대세라고 하는 것이렷다.

까치발로 대세를 탐할 것인가, 말귀 어두운 노인네로 주저앉을 것인가. 허옇게 백태 낀 혀로 시답잖은 화두나 캐고 앉은 내가 못마땅한지, 내 안에서 마냥 찌그러져 있던, 눈곱만큼 남은 혈기가 분연히 떨치고 일어서는 것이다. 고구마 백 개를 먹은 듯, 턱턱 말문이 막히는 일이 다반사라. 내 요놈의 것들을 오달지게 간파해 보리라며 지피지기까지 끌어다 붙였겠다. 자청해서 거칠고 험악한 말의 호구虎口로 들어가는 일에 이만한 분기면 면치레는 될 테다.

슬슬 그들을 간보자면, 치느님, 이생망, 소확행 정도는 애교다. 꾸

안꾸, 워라밸, 갑분싸, 솔까말, 넘사벽, 본케, 부케, 역시 가뿐하게 넘어선다. 그러나 뇌피셜, 낫닝겐, 고스팅, 갑통알, 이렇게 본색을 드러내기 시작하면 머리부터 지끈거린다. 할말하않, 많관부처럼 친절한 단서를 주는 경우도 있기는 하다. 그러나 뷁, #G, H워얼v 같은 난삽한 조합에서는 무엇을 읽어내야 하는지. ㄱㅇㄷ이나 ㅈㅂㅈㅇ와 같은 초성체 또한 해독을 요하는 난수표와 다를 바 없다. 뿐인가. 롬곡옾눞, 괄도네넴띤, 부모 죽인 원수 대하듯 엎어치고 메치고 글로 주리난장을 틀어놓은 고약한 뱃심 앞에서는 무작정 난감해진다. 그들과 통通하려면 미적분처럼 언어를 풀어내야한다는 결론이다. 광화문 광장의 대왕, 세종께서 대노할 행태 아니랴.

　보기에 따라 다분히 실용적인 화법처럼 보이나 사람을 골라 사랑하는 묘한 악취미가 그 속에 심어져 있으려니. 나처럼, 그들만의 리그에서 배제당한 자에게는 복잡다단 이해불가, 난관의 연속일 따름이라. 파지처럼 꼬깃꼬깃 자존심이 구겨지고, 최대한 긍정을 섞었던 첫마음까지 느적느적 꽁무니를 뺀다.

　하긴, 세상이 혼동의 도가니인데, 무시로 일어나는 언어의 교잡쯤이야. 말과 글의 품격을 운운하고 정도를 들먹이면 대책 없는 '꼰대 라떼'의 낙인을 피치 못할지니. 시대를 앞장서지는 못할지언정 최소한 발맞추기는 되는 척, 나도 적당히 섞어 비벼나 보랴 싶어지는데.

　햐, 비비는 일도 만만찮다. 입 안에서 톡톡 터지는 과육처럼 상큼한 창의력이 관건이건만 후줄근한 주머니 속에는 세월의 먼지만 풀썩거린다. 이도저도 그만 멋쩍어진다. 고지식으로 미장이 된 형편에 뛰었다 날았다 꼬꾸라졌다를 거듭하는 청춘의 보폭을 따라잡으랴. 방정맞게 울리는 '카톡'처럼 누군가, 어디선가 핏발 선 나를 각성시키는 저 두 글자, 깨몽.

형광등처럼 뒤늦게 번쩍이는, 나는 그냥 나로 살자. 발 빠른 세상의 아웃사이더로 스스로를 자복할지니, 중심을 포기한 대가로 무거운 안달복달은 그만 내려놓자.

그러할지라도, 영원한 도태만은 면해야 하므로 '눈에는 눈', 허락도 없이 함무라비 법전까지 소환해보는데. 카오스에는 카오스 아니랴. 준말, 본딧말, 예사말, 높임말, 우리말, 물 건너온 말…, 섞이고 섞인 언어의 잡탕밥에 수저질을 해가며 물렁물렁한 카오스적 방패로나마 살벌한 말의 대전大戰에서 살아남을 수밖에. (2022.1)

포도나무의 처세

 작년 이맘때쯤, 두 그루 포도나무는 말도 못할 고초를 겪었다. 그들에게 받아내야 할 죗값이라도 있는지, 동네 어르신들은 가차 없었다. 해지고 너덜거리는 수피나마 걸쳐야 혹한의 겨울을 버틸 터인데, 거스러미만 보여도 손톱 끝으로 일으켜 세우곤 매몰차게 껍질을 벗겨버렸다. 알알이 옹골찼던 여름날의 분투를 생각하면 있을 수 없는 일이었다.
 삶의 최소한으로 연명할 것, 그것이 나무에게 하달된 겨울의 지령이었을까. 칼날 같은 바람의 채찍과 서슬 푸른 냉기가 벌거숭이 나무를 샅샅이 추렴했다. 그도 모자라 혹시 모를 잉여의 흔적을 수색하듯 앙상해진 갈비뼈를 탈탈 털어댔다. 서릿발 같은 한기를 깔고 덮은 채 고난의 안거에 든 나무에게서 살아있음의 기척을 찾을 수 없었다.

수은주가 영상을 회복하자, 졸졸졸, 물의 세레나데가 해토머리를 적셨다. 봄이 연주할 초록의 찬가를 기대하며 한숨 돌려도 좋다는 신호였다. 정말이지 뜬금없는 복병 같은 건 생각지도 못했다.
　제5의 계절, COVID-19. 난해한 이름을 앞세운 그는 날마다 헤드라인을 붉게 장악하며 좀벌레처럼 야금야금 일상을 먹어들었다. 그의 행보는 신출귀몰, 종잡을 수 없는 것이라서, 내 발을 내 식대로 터벅거리다가는 뒤통수를 맞기 십상이었다. 제 영역을 힐끗거린 이들을 세상 밖의 고립무원으로 퇴출시켜 버리기도 했다. 영영 세상으로의 귀환을 허락받지 못하는 이들도 생겨났다. 언제 터질지 모르는 폭탄을 끌어안은 것과 진배없다고, 뉴스는 연일 경각심을 호소했다. 그러나 조심과 방심 사이, 그 위태한 경계에서는 거대 펜데믹의 포성이 잦아들지 않았다.
　무릇 살아 있는 것들을 보존하는 온기는 관계에서 비롯될지니. 네가 있어 내가 있으며, 우리라는 따뜻한 배경이 생겨나기 마련이다. 관계가 만들어내는 단단한 응집력부터 깨부수는 것이 그의 꼼수였을까. 그는 바이러스라는 하수를 풀어 사람과 사람을 이간질시켰다. 네가 있어 내가 치명상을 입게 되는 황당한 일이 곳곳에서 벌어졌다. 뭉쳐야 산다 했거늘, 산산이 흩어져 외로움의 성곽 속에 들앉아야 하는, 새로운 풍속도가 강요되었다. 마음 따신 이와 차를 마시고 밥을 먹는 소소한 일상마저도 그의 심기를 헤아려야 했다.
　취소되고, 연기되고, 보류되고…, 삶의 속도감이 현저하게 떨어졌다. 할 수 있는 일도, 갈 수 있는 곳도 최소화되었다. 꽃이 피고 새가 울어도 봄은 오지 못했다. 자고이래로 입은 모든 화禍의 근원이 되어 왔나니. 마스크라는 천 쪼가리로 경계의 입막음부터 하는 사람들. 빠끔, 두 눈만 형형한 마스크인ㅅ들이 봄 대신 거리를 활보했다. 그들을 두고 신인류, 호모 마스쿠스Homo maskus의 탄생이라 너스레를 떨면서도 그 씁쓸한 대열에서 이탈할 용기는 없었다.

알몸으로 겨울을 난 포도나무가 봄의 족적을 찍기 시작했다. 죽은 듯이 웅크렸어도 산 듯이 살아냈다는 반증이었다. 그 즈음 비워졌던 껍질의 자리가 새로운 껍질로 채워졌다는 것을 알았다. 나무는 더 튼실해진 가슴팍으로 촉을 틔우고 줄기를 벋어 내렸다. 그리고 주렁주렁 포도의 계절을 선사했다.

덕분에 어르신들은 나쁜 손의 오명을 만회할 수 있었다. 포도나무의 껍질 속에서 각종 해충들이 번식을 하기 때문이라고, 매정했던 연유를 털어놓으셨다. 껍질이야말로 가장 확실한 보호 장구가 아닌가. 거친 세파에 맞서주는 껍질이 아니었다면 여름날의 번성 또한 없었으리라. 그 살신성인의 호의는 어디 두고, 온갖 불순한 것들의 온상이 되어 나무를 겁박한다니. 방어기제였다가, 방해기제였다가, 그것이 껍질이 감추고 있는 역설인가 보았다. 그렇다면, 껍질을 두른 자, 제 때를 알아 벗어내기를 하는 것이 관건일 터였다.

COVID의 계절에 임하는 나의 자세도 달라져야했다. 방하착放下著의 기특한 깨달음 같은 건 없었으나, 수많은 '내 것'들을 내려놓았다. 활주로를 앞둔 바퀴처럼 내처 달려야 한다는 뿌리 깊은 의무감을 해제했다. 세상으로 펼쳤던 손을 거둬들이고, 입이라는 시끄러운 구멍도 여며 닫았다.

　발설되지 못한 언어들과 해소되지 못한 감정의 찌꺼기들이 아우성을 쳤다. 억울했다가, 우울했다가, 발정난 개처럼 낑낑거리며 여러 달을 보내야 했다. 진화를 역행해, 사회성을 거세당한 두 발 동물로 퇴화되고 있다는 생각을 떨칠 수 없었다. 불편부당을 호소하며 연신 메아리 없는 함성만 뻐꾸기처럼 날렸다.

　그나마 다행인 것은, 끊임없이 눈과 귀를 출렁이던 욕망의 수위가 더불어 낮아진다는 사실이었다. 미련 없이 놓아야만 손톱만큼 남은 것이라도 지켜낼 수 있고, 자유라는 날개를 반납해야만 그나마의 자유라도 빼앗기지 않는다는 아이러니에도 조금은 무덤덤해졌다. 먹고, 자고, 싸고, 숨쉬고…. 이따금은 일체의 생물학적 기능만으로도 충만을 논하게 되었다. 그 생경한 변화가 놀라웠다. 그간 나를 지탱해준다고 굳건하게 믿었던 것들에 대한 의구심마저 들었다.

　창궐하는 바이러스와 나 사이에 '덕분'이라는 우호적인 단어로 징검돌을 놓고 싶지는 않다. 그러나 오래 꿈꾸었으나 막상은 행동하지 못했던 미니멀 라이프가 가능해진 것은 부인할 수 없겠다. 보지 않으니 분답함이 덜하고, 듣지 않으니 갈등의 고리도 느슨해진다. 발 다친 짐승처럼 길을 벗어 버린 까닭에 깨어져 상처 입는 일도 드물다. 늦철이 드는 건지, 하찮게 여겼던 것들, 먼지처럼 작고 미미한 것들조차 얼마나 소중했는지를 구시렁거리며 바보처럼 고개를 주억거리기도 한다. 온통 과묵해진 세상에서 마스크 너머의 타인을 눈빛으로 읽으며 포도나무의 처세를 배우는 중이라 할까.

　내게서 타他를 차감하고 나머지돈처럼 쥐어지는 나 자신이 이즈음의 화두다. 반추의 위胃를 가진 듯 나를 되새기다보면, 썰물의 시간, 잦감이 이루어진 갯벌을 마주한 기분이 든다. 가감 없이 드러나는 나의 바닥에는 한때나마 내 삶의 질료였으나 기억에서조차 가물거리는 것들이 숨죽이고 있다. 더러는 담요처럼 안온하고 더러는 바늘 끝처럼 불편하던 순간도 가닥가닥 되살아난다. 그때는 틀렸던 것이 지금은 맞거나, 그 반대인 경우도 허다하다. 시간의 등뼈를 추스르며 나라는 텍스트에 집중해보는 횡재를 누리는 중이라 할까. 막간의 미학을 살린다 생각하면 억지춘향의 칩거도 애달프지만은 않다.

　없음으로 인해 있음의 가치를 통찰하며, 내 안의 묵은 터에 내일을 파종하는 일. 어쩌면 그것이 엄동설한을 건너 봄을 할거한 포도나무의 비결이었는지도 모르겠다. *(2020.12)*

냉장고, 그리고 토굴

1.

어플 하나를 다운 받았다. 이름 하여, '냉장고 파먹기'다. 우스개 삼아 냉장고를 파먹는다고들 하지만 어플까지 생겨날 만치 보편화 되었는지는 몰랐다. 필요가 발명의 어머니라니, 그간 잠재된 수요가 많았다는 의미겠다. 그렇다면 내 집 냉장고의 적체도 대세에 은근슬쩍 묻혀 갈 수 있을 것 같다. 스마트한 세상을 선도하는 누군가가 고민거리를 해결해주겠노라 소매를 걷어붙였으니 그의 호의에 나를 맡겨볼 심산이다.

입이 늘어난 것도 아니고, 식욕이 더 왕성해진 것도 아닌데 우리 집 냉장고는 포화상태다. 김치용을 제외하고도 석 대의 대형 냉장고를 가동하건만, 늘 비좁아 터진다. 무시로 넣었다 뺐다, 조각모음으로 용량확보를 해야 할 정도다. 도대체 무엇이 얼마만큼 들어있는지 넣어놓은 나도 모를 때가 많다. 내로라하는 수납전문가나 주부 9단의 능력자들이 보면 혀를 끌끌 차고도 남았을 게다. 여러 번의 시행착오 끝에 나름의 질서를 만들어 두기는 했지만, 기억력이라는 것이 오래 명료하지 않은 까닭에 생각지 못한 뒤통수를 맞기도 한다. 냉동실 구석자리에서 화석이 되다시피 한 무엇인가를 발견하게 되는 날이 그러하다.

일 년에 한 대씩 냉장고를 들여도 여전히 비좁다는 말이 나올 거라고. 이따금 남편은 수긍인지, 통박인지 모를 말을 뱉어낸다. 맞는 말이다. 그런 의미에서 나는 대형의 창고형 냉장고를 지어놓은 이웃 아우가 한량없이 부럽다. 여러 대의 냉장고에, 업소용까지 동원을 하더니, 어느 날인가는 아예 마당 한구석에 냉장고를 지어버렸다.

통 큰 그들의 냉장고에는 없는 것 빼고 다 있다. 거대한 자석처럼 냉장고의 흡입력은 대단해서 웬만한 것들은 가차 없이 끌어들인다. 감자 양파 무 같은 야채가 쟁여지고, 쌀도 몇 자루씩이나 들앉는다. 생수가 탑처럼 쌓여 있으며, 각종 장아찌도 항아리 째 안거에 들었다. 뜨거운 여름날 팥죽 같은 땀을 식히러 나도 몇 번인가 들락거렸던 적이 있을 정도다. 하여, 냉장고의 혜택을 받지 못하는 우리 집 장아찌 통들을 볼 때마다 부러움의 불씨를 지피게 된다.

대체적으로 전자제품은 기술이 발달할수록 작고 가벼워진다. 작은 것에 많은 기능을 탑재하는 것이 관건이다. 그러나 대세를 거스르는 것이 있으니 냉장고다. 덩치만 커진 게 아니라 종류도 다양해졌다. 김치부터 화장품, 와인, 소주나 맥주까지 제각각의 냉장고에 보관을 하는 추세다. 냉장고라는 저온저장기술이 개입되지 않는 일상을 찾아보기가 힘들어졌다. 세상은 이미 거대한 콜드 체인Cold chain이라던 누군가의 말에 공감하지 않을 수가 없다.

내밀한 부엌살이에 어플이라는 남의 손까지 동원을 할 수밖에 없는 것은 순전히 시골이라는 환경 때문이다. 내 집처럼 드나들 수 있는 마트는 고사하고 구멍가게조차 없는 동네라 갑작스런 상황에 허둥거렸던 적이 여러 번 있었다. 유비무환이고자 선택했던 것이 대량구매. 생활용품은 물론 생선도 육류도 큰손처럼 사들인다. 어차피 필요한 것이라며 무엇이든 여분을 쌓아 놓아야 안심이 된다. 소소한 먹거리도 예외는 아니다.

자급자족의 명분으로 농작물을 심어 가꾼다고는 하지만 사시사철 싱싱한 풋것들을 즉석식품처럼 가져다 먹을 수는 없다. 제철에는 천덕꾸러기 취급을 받을 만치 차고 넘치지만, 제철이 아닐 때 구경이 어렵기는 도시보다 더하다. 제철과 제철 아님의 경계에 저장성의 문제가 대두되는 셈이다. 게다가 담 너머로 건너오는 것들도 만만찮게 많다. 그러저러 막중한 임무를 부여받고 열혈분투를 하게 되는 것이 냉장고였다. 당장 두 입이 먹어치우지 못하는 것은 재고 따질 필요도 없이 냉장고 행이었다. 이것도 들어가고 저것도 들어가고, 데쳐서 들어가고 말려서 들어가고…, 냉장고에 대한 맹신이 참사의 주범이었다 할까.

어플의 주문은 간단하다. 내가 보유한 식재료들을 가상의 냉장고에 채워 넣으라는 것이다. 제일 손이 많이 가며 다양한 종류가 들어 있는 주방 냉장고를 시험대에 올려보기로 한다. 두부, 멸치, 생선, 어묵, 콩나물, 도라지, 냉동육…, 뭐가 이리도 많은지 누가 볼까 무섭다. 생각나는 대로 클릭을 하고나니, 5,60 가지는 족히 된다.

첨단의 기술이 빠르긴 하다. 어플은 활용 가능한 갖가지 요리를 재깍 펼쳐낸다. 자상하게도 레시피까지 첨부해서. 예를 들면, '당신이 가진 재료로 청량고추멸치볶음을 할 수 있는데, 거기에 필요한 재료는 이러저러해서 총 여덟 가지다. 당신이 가진 것 중 A, B, C, D, E, 다섯 가지를 이용할 수 있다', 대충 이런 식이다. 생각보다 유용하겠다. 그의 지시를 고분고분 따르기만 한다면 조만간 냉장고에 숨 쉴 틈을 만들 수 있으려나.

2.

그녀만의 SNS 공간, '土窟'은 점점 질서를 잃어가고 있다. 애초에 느슨한 문패를 달아놓은 것부터가 잘못된 것이었는지 모른다. 유보와 유예를 아무렇지 않게 자행하며 그것을 숙성의 다른 이름이라 눙쳐왔던 것이 토굴에서 비롯되지는 않았을지. 어쨌거나, 능력에 비해 의욕이 차고 넘쳤던 결과인 것만은 분명해 보인다.

언제 어디서 습득한 것인지는 모르나 자판 위에서 요리되기를 기다리는 날것의 이것, 저것, 그것들. 자음과 모음으로 대충 얼개를 짜놓은 그들은 클릭 소리만 들려도 움찔움찔 몸 풀 궁리를 한다. 그렁그렁 말없는 읍소로 그녀 안의 묵직한 정서에 군불을 지피려는 온건파가 있는가 하면, 채권자처럼 눈을 흘기며 게으름을 윽박지르는 강경파도 있다. 언젠가 때가 오려니, 보이지 않는 칼을 시퍼렇게 갈고 앉은 내공파도 없지 않다.

그녀의 손가락 장단에 몸을 싣기만 하면 때깔 좋은 글의 찬(饌)으로 거듭나게 될 것이려니. 그들은 하나 같이 기약 없는 약조로 가스라이팅이 된 처지다. 그녀가 꺼내주지 않으면 결코 그곳을 벗어날 수 없을 뿐 아니라, 벗어나려 하지도 않는다. 자신은 그녀에게만 유의미하고 유효한 존재라 확신을 하는 듯하다. 문제는, 들어가면 나올 줄 모르는 구두쇠의 금고처럼 그녀의 토굴에 자꾸만 식구가 늘어난다는 것이다. 그들에게 가능성이 점점 희박해진다는 뜻이기도 하다.

매사 때가 있는 법이라고, 그녀는 종종 무성의하고도 빤한 너스레로 희망을 각성시킨다. 그런들, 아무리 '할 수 있다'는 긍정의 주문으로 무장을 해봐도 도무지 그런 능력자가 될 자신은 없다. 미완으로 방치된 그들을 대할 때마다 자신도 모르게 자신을 지배하고 있는 저장강박을 탓해보지만 손과 머리는 여전히 완고한 각자노선이니 어찌할 것인가. 결국, 그녀 스스로는 대책 없는 희망고문의 가해자이지만, 동시에 피해자가 되기도 하는 셈이다.

조물조물 무치고 자글자글 끓여서 번듯한 글상(床)을 차려내는 것. 그것만이 그녀와 그들 모두에게 숨통을 만들어 줄지나, 그녀의 토굴 파먹기는 언제쯤 시작되려는지. (2023.1)

[1)]베르쿠치

 그를 돌아선 지 석 달째다. 유야무야 시간을 끌었던 것까지 합하면 두 해가 가까워진다. 무시로 간절해지던 자유지만, 마음을 다잡는 수순이 생각보다 길었던 것은 그가 없는 허무까지 감당할 자신을 챙겨야 했던 까닭이다.
 그의 환심을 사기 위해 굽실굽실 비굴하기조차 했던 순간들을 생각하면 통쾌한 복수였다. 시원섭섭했지만, 걸음걸음 그를 이고지고 날랐던 노역의 시간에서도 해방이라고, 만나는 사람마다 광고를 하고 다녔다. 혹여 내가 나를 져버릴까봐 공공연하게 언약의 고삐를 매어 두었다고 할까.
 처음 그를 만난 것은 불혹 즈음이었다. 아무 것에도 미혹되지 아니한다는 나이, 마흔. 그러나 불혹지년不惑之年의 고빗사위에서 나는 자주 시동이 꺼져버렸다. 육신과 정신이 내지르는 언어는 극과 극을 치달았다. 절절 끓어오르다가 쩡쩡 얼어붙다가, 살고 싶다가 살고 싶지 않다가, 내가 나를 컨트롤할 수 없는 순간이 무시로 생겨났다. 돌파구를 찾아 두리번거렸던 것이 그 무렵이었다.

그와 나 사이에 필연이나 운명을 들먹인다면 가소로운 일이다. 핏덩이가 세상에 나와 처음으로 눈 맞춘 어미를 각인하듯, 내 절절함의 촉수에 가장 먼저 닿아진 것이 그였을 뿐이다. 그나마 다행인 것은 우연으로 만나졌으나마 우리는 제법 쿵짝이 잘 맞았다는 사실이다.

바위처럼 무표정하던 그에게 눈웃음으로 추파를 던졌던 것은 절박함의 다른 표현이었지 싶다. 불특정 다수에게 공평한 품을 내어주는 것이 그의 속성이라는 것을 모르지는 않았으나, 그때는 유독 나에게만 총애의 눈빛을 보낸다고 확신했다. 어쩌면 야무진 오해의 뿌리도 절박함이었을 것이다.

그가 선사하는 비상의 순간은 황홀했다. 두 발이 움직일 수 없는 거리를 정신으로 날아올랐다. 내 손을 떠나 버린 어제들과 소통하고, 치료시기를 놓쳐버린 생채기를 어루만졌다. 앞도 뒤도 문득 막막해지는 순간, 거짓말처럼 환하게 비상구를 열어준 것도 그였다. 그의 굵은 팔뚝 위에서, 흔들리는 일이 바로 서는 일이며, 떠남이 곧 돌아옴이라는 아이러니를 무수히 체험했다. 보이지 않던 것이 보이고, 들리지 않던 것이 들리는 황홀한 날갯짓으로 수많은 밤을 해찰했다. 무량한 허공을 이끌고 그에게 착지하는 순간 내가 비로소 나를 찾은 것 같았다.

시도 때도 없이 그의 환영에 달떴다. 나를 젖게 만드는 그를 찾아 꿈길을 헤매기도 했다. 그의 충실한 복속이 되어 내 육신과 정신의 갈피마다 문신처럼 그를 새기고 싶었다. 그를 청할 수만 있다면 잠을 실치는 일쯤은 차라리 흥거운 노동이었다. 알아주는 이 없어도, 그가 내게 매어둔 글의 시치미를 자랑스레 떠벌리며 꿋꿋하게 세상을 활보했다.

너무 쉽게 기선을 잡아버린 득의만만이었을까. 언제부턴가 그는 야박한 본성을 드러내기 시작했다. 열었는가 싶으면 빗장이 걸리고, 뜨거운가 싶으면 다시 냉랭한 등짝을 내밀었다. 때로는 한 보따리 눈물을 원했고, 그 보상으로 주체 못할 허탈감을 안겨 주기도 했다. 그가 나를 길들이기 위해 휘두르던 당근과 채찍의 전법이라니. 잡힐 듯 잡히는 않는 무지개처럼, 그는 나로 하여금 애면글면의 늪을 대책 없이 허우적거리게 만들었다. 일편단심, 죽어도 변치 않을 사랑의 맹약으로 눈과 귀가 멀 때까지 나를 담금질할 모양이었다. 어느 스님의 즉문즉설처럼 단방에 그와의 속 시원한 관계정립을 원하던 나로서는 난감지경이었지만, 이렇다 할 항거조차 해보지 못한 채 십여 년 동안 그의 주인됨을 의심치 않았다.

그는 시종일관 벗으라 했다. 보이는 것 너머 보이지 않는 것들, 때로는 나 자신조차 알지 못하는 나를 벗어야 한다고 닦달했다. 전부가 아니면 아무 것도 아니라며 핏기가 어리도록 내 안의 바닥을 벅벅 긁어올렸다. 더 많이 사랑하는 사람이 약자라면 나는 어디까지나 약자였다. 무릇 약자는 굳이 복종하려 하지 않아도 복종되어지는 계급이 아닌가. 자청해서 나를 벗고 나를 까발리는 일이 잦아졌다.

그러나 시간으로 퇴색되지 않는 것이 그리 흔하랴. 나의 시원찮은 나신裸身에 그도 시큰둥한 반응을 보이기 시작했다. 그러나 여전히 그는 나를 살아 움직이게 하는 동력이었기에 내칠 작정을 하지는 못했다. 때로는 애써 불러낸 초심으로, 때로는 그저 그런 매너리즘으로, 그마저 여의치 않을 때면 막연한 의무감을 동원해 그를 안았다. 그것이 더러는 약이 되고 더러는 독이 되어 내게 돌아왔다.

청춘들의 가벼운 연애사처럼, 날마다 끝을 외치면서 그와 나 사이의 불협화음은 점점 깊어졌다. 과연 젊은 날의 선택이 옳은 것이었는지, 나는 원론적인 회의에 봉착하지 않을 수 없었다. 내 삶에서 그를 몰아내는 일은 그렇게 시작되었다.

그에게 돌아가지 않기 위해서는 그를 돌아보는 게 먼저였다. 그의 재단에 뿌렸던 눈물과 회한, 그로인해 잠들지 못했던 숱한 밤들. 수없이 무너지면서도 다시 일어서며 그를 먹고 마시고 껴입고자 안달복달했던 시간을 되새김질하는 것으로 '그만 안녕'에 대한 명분을 만들어 갔다.

그와 함께 하는 시간만이 유용하던 나는 요즘 쓰잘머리 없다고 치부해왔던 일들에 꽤 많은 시간을 투자한다. 시시콜콜한 수다로 시간을 축내고, 하지 않아도 좋은 일에 몰두를 한다. 그와 더불어 가장 황홀했던 자정 너머의 시간은 잠으로 때운다. 그를 영접하기 위한 보물 제1호였던 컴퓨터도 부팅되지 않는 날들이 더 많다.

이별에도 요요搖搖라는게 있는 것인지. 잡초를 뽑고, 호미질을 하고…, 그가 있던 자리를 심심파적의 노동으로 채우지만 매순간이 소금 빠진 음식처럼 슴슴하다는 게 문제다. 부재라는 그의 존재감이 들숨날숨마다 또박또박 찍힌다. 기승전, 그러나 마침내 '글'이 되어버리는 야릇한 논리의 감옥에 갇혀버린 기분이다.

　매정하게 등을 떠밀지만, 결국은 돌아올 수밖에 없다는 확신으로 시나리오를 완성하는 베르쿠치. 멀리 떠날수록 돌아오는 길도 먼 법이라며 나의 갈지之 자 불편한 보법을 모른 척 눈 감고 있는, 그는 아직도 나를 부리는 베르쿠치인가 보다. (2018.12)

1) 매나 독수리를 길들여 사냥을 하는 사람

뫼비우스의 띠

　바야흐로 물때다. 장꾼들은 치렁한 물옷을 펄럭이며 짠내 나는 바다를 길어 나르느라 여념이 없다. 걸음걸음 비린기를 흩뿌리며 그들이 공수해 온 것은 뱃사람들의 굵은 팔뚝이 건져 올린 전리품들이다. '최소한 생물학적 살아 있음活'을 인정받은 물엣것魚들로 인해 순식간에 생겨난 바다 하나가 바다보다 더 역동적으로 지상을 출렁거린다.
　봄 산, 가을 들녘의 꽃만 꽃이던가. 돌도, 나무도, 사람도 세상의 우듬지를 밝히는 꽃이요, 기쁨도, 슬픔도, 더러는 죽음마저도 삶의 촉을 달구는 꽃인 것을. 이 순간, 발끝에 채는 불그죽죽한 고무대야의 행렬도, 그 속에 빠듯이 육신을 구겨 넣은 활어들의 흐드러진 몸부림도 밋밋해진 일상으로 삶을 돋을새김하는 꽃이 아니랴. 온몸으로 꽃도 되고, 잎도 되어 불티처럼 허공으로 떨어내는 비릿한 목숨의 향을 지르밟으며 입맛부터 다시는 나만 꽃의 대열에서 저만치 멀어있는 듯하다.

경제 한파니 불황의 그늘이니, 연일 반갑잖은 용어들이 매스컴을 들썩인다. 때문인지, 문전성시를 이루던 어시장 골목도 평소와는 사뭇 다르다. 그러나 현실이 '죽어라, 죽어라' 윽박을 지를수록 더 억척을 떨어 가며 '살자'를 외치는 사람들이 이곳에 있다. 활어들이 그러하듯, 그들에게도 매순간 살아있음을 증명해야 퇴출되지 않는다는 규칙이 있는 것 같다. 벼려진 칼날만큼이나 시퍼런 삶의 전의가 사방에서 번뜩인다. 그들의 얼굴에 깊숙이 음각된 고단함이야말로 삶의 가장 확실한 인증서라 해도 과언이 아니겠다.

세상을 헤쳐 나가는 그들만의 비책은 결코 굴하지 않는 뚝심이었을까. 휴일치고는 한산한 시장 골목이지만, 그럴수록 장꾼들의 목청은 한 톤쯤 더 높아진다. 스스로 파도가 되고, 포말이 되기를 주저하지 않는다. 덕분에 시장이 자아내는 절대 데시벨은 시끌벅적, 예와 별반 다르지 않다. 연신 도마를 썰어대는 칼날의 신명과, 예서제서 불거지는 걸걸한 너스레가 주춤해진 장바닥의 신명을 일으켜 세운다.

꽁꽁 얼어붙는 불황의 계절, 36.5도의 인체를 휘돌고 나와 장거리를 후끈하게 데우고 있는 소리, 소리, 소리들…. 고작 팔고 사는 행위의 부산물들이지만, 귓속을 파고드는 소리들이 따뜻하다. 난해하게 엉켜버린 소리의 덤불을 헤집고 갈래갈래 무작위로 건져 듣는 말은 나와 타 사이의 의례적인 벽마저 소리 없이 허물어버린다.

숟가락 하나만 꽂으면 식구가 되는 양푼밥처럼, 말과 말, 사람과 사람이 피워 올리는 삶이라는 모닥불이 주변을 불러 모은다. 나도 슬그머니 곁불을 쬐며 늘어진 호주머니에서 곱아진 손을 불러내고 목까지 올려 채운 단추를 한두 개쯤은 풀어 재낀다. 비로소 오랜 동안 제 구실을 못하던 내 안의 발화점이 되살아나는 듯하다. 누군가의 뜨거운 삶이 나를 달구고, 내게서 건너간 온기가 또 다른 이의 찬 손을 덥힐 수 있다면 이곳이야말로 진정 상생의 터라 싶어진다.

타와의 완벽한 소통이란 불가하겠지만 완벽한 불통 또한 존재하지 않는 것이 세상 아니던가. 낯선 눈빛만 교감처럼 주고받는 너와 나라한들 결코 절대 무관한 타인은 아니라는 뜻일 게다. 죽음을 삶의 사정거리 밖으로 밀쳐놓고도 기를 쓰며 죽음을 향해 삶을 일구듯, 우리는 타인이면서 타인이 아닌 관계를 껴입고 세상을 걸어가는 것인지도 모르겠다. 삶이란, 결국은 하나인 길 위에서 다시 길을 찾는 뫼비우스의 띠 같다는 생각을 후줄근한 장바닥에서 건져 올린다.

도다리, 광어, 우럭, 돔…. 급조된 바다 속에서도 물엣것들은 유유하게 정체성을 지켜나간다. 자신들의 영역을 무시로 휘젓고 드는 뜰채의 무례를 용서하며, 잔뜩 산소를 머금은 부레로 부浮와 침沈, 그들만의 오래된 습성을 이어간다. 연신 바다의 파편들을 쏟아내는 지느러미 역시 변함없이 활기차다. 영원히 죽지 않을 것처럼, 삶의 순간순간을 뜨거운 춤사위로 풀어내고 있다.

삶의 밀도가 최고조에 달하는 이 순간, 그들이 연출하는 세상은 오로지 살아 있음의 함성으로 충만하다. 현상액 속에서 인화지 위로 정체를 드러내는 피사체의 요조한 부활처럼, 펄떡펄떡, 그들이 자아내는 삶은 경건하기조차 하다. 정열의 춤 탱고처럼 보는 이들의 심장에 활활 밑불을 놓는다. 단 한 번 목숨 앞에 뜨거워보지 못했노라고, 나의 수많은 어제들을 자책하게 만든다.

어느 철학자는 죽음을 일러 '닫히면 그만인 문'이라고 했다. 죽음의 본질이 말 그대로 끝인지, 윤회의 과정인지 알 수는 없다. 그러나 그것이 무엇이든, 쥐꼬리만큼 남은 삶을 사르는 어화魚花들의 되알진 향연은 결코 음울하지 않다. 외려 서서히 직립하는 생동감이다. 삶을, 나아가 죽음마저 발아래 납작 굴복시킬 듯 한 발칙한 호기다. 날 선 칼날이 단숨에 오장육부를 해체하고 들 터이건만, 비록 절정의 끝에서 기다리고 있는 풍경이 온통 살풍경스럽다 하여도 그마저 괘념치 않겠다는 단호한 선언 같다. 고작 잠시 달큼할 혀끝의 유희를 위해 그들을 도모하러 온 내가 무참해질 정도다.

순식간에 생사를 갈아탄 몇 마리 생선이 도마 위에 올랐다. 거추장스럽던 비늘도, 제 살을 파고 들던 가시도 거두고 알몸으로 오롯하다. 기쁨도, 슬픔도 더 이상 그들을 춤추게 할 수 없으리라. 아니, 어쩌면 비로소 영원한 안식의 춤을 추고 있는 지도 모른다. 그들의 더운 살점을 내 안으로 쟁여 넣으면 삶의 끝자락에서 그들이 내게 가르쳐주었던 결곡한 춤사위를 흉내 낼 수 있을까. 춤은 내게도 춤으로 이어져 삶을 떠받치는 굄돌이 되는 걸까.

지폐 서너 장과 맞바꾼 목숨의 무게가 손끝으로 묵직하다. 세상에 허투루 지나가는 순간은 없나니. 또다시 소소한 일상에 덜미를 잡힐지라도, 잠시잠깐 엿본 삶과 죽음의 큰 그림을 기억한다면 예전처럼 줏대 없이 일상의 늪을 허우적거리지는 않을 것 같다.

몇 마리 미물의 소신공양 덕분에 산 자들의 축제는 한껏 무르익을 것이다. 그들의 마지막을 되새김질하며 소주 한 잔쯤 조사弔辭로 읊고 싶은 날이다. (2017.10)

아무것도 아닌

 간만에 순수한 독자로서의 열의를 꺼내보는 참이라 할까. 매달 스무 편 남짓의 수필을 의무적으로 읽고 있다. 연말의 본심을 위한 예심을 맡고부터다. 의무라는 단어가 구속력을 전제하지만 어디까지나 자의로 응한 일이니 이제 와서 쓰다달다 할 수는 없다. 약간의 선택장애까지 있는 내게 적지 않은 신작 원고는 한 달 이내에 갚아야 할 빚처럼 부담스럽다. 그러나 한편으론 재미있는 작업이다.
 목차를 펼치니 필자들의 이름이 명기되어 있다. 이름만 낯익은 이, 이름조차 생소한 이, 그 중에 이름과 얼굴이 줄긋기 되는 이는 S선생뿐이다. 이럴 때면 모른다는 사실이 든든한 지원군이다. 안다는 이유로 나도 모르게 공연한 헛점수가 가미되지는 않을까 소심해질 필요가 없어서다. 글로만 글을 해찰하는데 거리낌이 없어도 좋다는 뜻이다.
 우선은 제목만 훑는다. 문패처럼 내걸린 몇 글자를 두고 소담한 기와집인지, 열두 대문의 대가인지를 점쳐 보는 일도 흥미롭다. 대개는 그 중에서 퍼뜩 눈이 가는 제목이 몇씩은 꼭 있다. 내용을 알 수는 없으나, 작명의 솜씨가 기가 막히는 사람들이라 감탄사를 쏟아내게 된다.

목차대로 읽었다가 역으로 읽었다가, 작품만 읽었다가 말미에 기재된 작가의 경륜을 보고 읽었다가…. 대개 글로 주리가 틀릴 때까지 씨름을 하는 편이다. 그래도 답을 얻을 수 없을 때면 한동안 과감하게 책을 덮어둔다. 무시로 입을 헹구는 와인 소믈리에처럼, 글에 대한 이전의 느낌이 미치지 못하도록 시간을 둔 채 다시 처음처럼 글을 펼치는 작업이다. 내 것도 아닌데 왜 이리 연연하는가 싶지만, 내 것이 아니기에 더더욱 소홀할 수가 없다. 행여 나의 오독이나 건성으로 타인에게 누를 끼쳐서는 안 될 일이므로.

글 속에는 작가만의 생애가 단편적으로 실린다. 수필이라는 장르가 진솔을 전제로 하고, 작가가 그에 충실히 붓을 움직였다면 한 편의 수필은 분명 그가 살아온 궤적일 게다. 대부분의 경우, 글 속의 그들은 순수하고 반듯하다. 범사에 감사하고 분에 넘치는 것을 꿈꾸지 않는다. 극히 이성적이고 합리적이며 남을 시기하거나 해악을 끼치는 일 같은 건 하지 않는다. 타인의 악의에 무력하게 당하는 것도 글의 주인이다. 게다가 글의 말미에서는 쥔 것 없는 형편에도 주저 없이 내어주는 무소유의 끝판왕으로 등극을 한다. 진선미의 결정체요, 그러므로 성인군자의 반열에 이름을 올려도 무방할 정도다. 세상에 수필가만 산다면 그야말로 유토피아일 것 같다. 글과 주인이 유리되지만 않는다면 말이다.

　수필을 쓰기 시작한지 얼마 지나지 않아 나를 회의에 빠지게 만들었던 화두가 바로 글과 사람이 만들어내는 이중구조였다. 수필적인 삶을 강조하며 내게 수필을 교수했던 이마저 글과 행동의 언어를 달리한다는 사실을 목격하면서부터는 수필의 매력이 반감되기 시작했다. 차라리 픽션이 전제되는 소설이나, 두 발을 땅에 붙이고 있지 않아도 성립하는 시를 기웃거려 볼까 망설이기도 했다.

　어영부영 다시 붓을 잡았지만 뾰족한 답을 얻은 건 아니었다. 어쩌면 답은 글의 밖에 있는 것이 아닐지도 모른다며 쓰고 또 썼다. 불행하게도, 내 글 속에도 내가 미처 가닿지 못하는 도덕성이 있었고, 순수가 있다는 것을 이따금 발견하게 되었다. 내 안의 내가 시키는 대로 걷다보니 다다르게 되는 곳이었다. 100% 진솔만은 아니나, 그렇다고 해서 추호도 거짓은 아니었던 글의 방언들. 그 출처는 분명 나였다. 그나마 와중에도 당당할 수 있었던 것은, 몇 번을 되짚어도 글의 순간만은 결단코 내가 그러했노라는 사실이었다.

　내가 내 글의 주인이 되기 위해서는 글과 나의 거리를 좁히는 게 관건일 터였다. 내가 먼저이든, 글이 먼저이든, 서로 선한 영향력을 주고받을 수 있는 최선책은 하나가 되는 일일 테니까. 쉽지는 않겠지만, 그렇게 교통정리를 하고나니 신간이 조금은 편해졌다. 그리곤 앞서거니 뒤서거니, 글과 나는 제법 그럴듯하게 보폭을 맞추며 이인삼각으로 세상을 걷는가 싶었다. 그 일이 있기 전까지.

　글 때문에 스스로를 난도질하는 이를 만나게 되었다. 명품으로 치장을 한 유한마담처럼, 글로 안하무인이 된 그의 '썰'을 들어주느라 고역스런 시간을 보내야만 했다. '장' 붙은 직함이 빼곡히 인쇄된, 그렇고 그런 명함 한 장을 건네받는 듯한 기분이었다. 대체 그에게 글이 무엇인지. 나는 그가 읊어대는 자칭 '대단한 글' 대신에 그의 바닥을 읽고 말았다.

밥을 먹고 사람을 만나고 나를 나로 세우는 일련의 삶 속에 분명 글이 필요충분조건은 아니다. 없어도 어쩔 수 없지만 있음으로 해서 더 윤택해지는, 그것이 현실적인 글의 지분일진대. 글이 주는 반대급부가 얼마나 큰 것이었는지는 모르나 자신의 얄팍함이 드러나는지도 모르고 열을 올리는 그를 이해할 수 없었다. 행여 내 안에도 내가 모르는 내가 있어 서푼 어치 글을 두고 팔자걸음으로 거들먹거렸던 것은 아닌지, 좌불안석하는 마음이었다. 글과의 관계정립을 다시 하기로 마음먹었던 이유다.

돌아보면, 글쟁이라는 호칭에 들떠 어영부영 몇 년을 흘려보냈고, 나와 나 사이의 극간에 사로잡혀 다시 몇 년을 놓쳤다. 소나기 같은 글을 쓰다가, 어느 순간 매지구름을 이고 앉은 듯 끙끙거리기도 했다. 글보다 이름 석 자를 앞세우고 싶은 치기도 부려보았고, 그런 내가 가소로워 붓을 놓았던 한동안도 있었다.

아무것도 아닌 것에 목을 매는 사람은 없다. 목을 매지 않는다는 것은 그것으로부터 자유라는 말이다. 내게 글이 그래야한다고, 먼지처럼 풀썩거리는 마음에 찬물을 끼얹는 내 안의 어떤 나. 아니, 내 안의, 내가 아닐지도 모르는 나.

거품처럼 부글거리는 욕심과 욕망을 걷어내는 방책은 글을 가차 없이 평가절하 하는 것이었다. 거짓과 위선과 시기와 질투가 난무하는 세상에 편승하며 글로 인해 나를 훼손하거나 훼손당하고 싶지 않았다. 오로지 나를 되새기자는 첫 마음, 그것이 글의 영역이었음을 기억해냈다. 비록 세태에 휘둘리며 살지라도 글에 대한 의리만은 지키고 싶었다.

삶은 글이 될 수 있지만, 글이 삶은 될 수는 없다는 결단도 그 즈음에 내렸다. 글에서 존재의 의미를 찾으려 애면글면했던 시간을 벗어놓기로 했다. 글로 명예를 얻거나 감투를 걸치거나, 나보다 더 나은 나를 전시하려는 치기도 내려놓았다. 그 모든 것들은 최선의 대가로 자연스레 주어지거나, 영원히 내 몫이 아니어도 무방한 것이라 갈무리를 했다. 스무 해가 가깝도록 내가 스스로의 해갈을 넘어서지 못하는 글을 생산할 수밖에 없는 이유다.

내게 글은 거창한 무엇이 아니어도 괜찮다. 나를 뜨겁게 쏟아냈다는 사실만이 중요할 뿐이다. 글이 삶의 전부라거나, 쓰지 않고는 살 수 없다는 고백으로 나를 붙들어 매지도 않을 작정이다. 문학에 대한 이바지는 능력자들에게 미루고, 어느 응달진 자리에서 나를 끼적거리는 일은 내게 바치는 나의 헌사일 뿐이다.

쓰지 않음의 평안을 불편으로 뒤바꾸며 글은 나를 조련하고, 감히 아무것도 아닌 것으로 치부하며 나는 글을 조련한다. 그 타협점에서 내 글이 연명을 한다 하여도 조급증이 나지는 않는다. 참 다행이다. (2021.6)

익명으로 바치는 감상문

묻고 물어도 찾아내기가 쉽지 않은 촌구석에 들앉아 있어도 눈 밝은 책들이 심심찮게 도착한다. 안면 있는 이들이 챙겨 보내기도 하지만 대개의 경우는 이름도 글도 낯설다. 그럴 때마다, 내가 두루 알려질 만치 대단한 글쟁이라거나 유유상종을 논할 정도로 글과 관련된 교류가 많은 것이 아니니 의례적인 명단 속에 내 이름이 끼어 있었겠거니 하고 만다. 나 역시 첫 수필집을 냈을 때까지만 해도 소속된 단체에서 주소록을 넘겨받아 불특정 제위를 수신자로 '묻지마 발송'에 열을 올렸으므로. 돌이켜 보면 참으로 용감무쌍한 행태였으며, 원치 않는 이들에게는 본의 아니게 민폐를 끼쳤던 셈이다.

책 한 권이 태어나기까지의 공정이나 심혈을 모르는 바는 아니다. 그렇다고 해서 내게 당도하는 책을 모두 정독할 수 없는 건 분명하다. 그것은 한 가정의 안주인으로서, 한 생활인으로서, 그 외의 내가 맡고 있는 크거나 작은 일의 당사자로서의 책무를 포기하다시피 해야만 가능한 일이기 때문이다. 게다가 더 여유로워질 거라 싶었던 촌부의 생활에 예기치 않았던 복병이 생각보다 많다. 미안하지만 취사선택을 하지 않을 수 없다.

어찌되었건, 나는 책과 노닥거릴 시간도 열정도 사그라져 가고 있으므로 예전처럼 전투적이거나 학구적인 마인드로 그들을 속속들이 들추지 못하고 사는 처지다. 하여, 작가의 이력을 지나 목차를 대충 훑고 눈이 가는 제목이 있으면 두어 편을 일별하는 것으로 책을 보내준 작가의 성의에 성의 없는 감사를 전해오고 있다. 지금 내가 펼치고 앉은 책도 크게 별다르지 않은 대우로 나를 스쳐갔을 게다. 잠을 놓치고 다시 불을 켜지 않았더라면 말이다.

문득 궁금해졌다, 수도권에 주소지를 둔 그의 책이 어떤 경로로 내게 왔을지. 추적을 하다 보니 그의 이력에서 답이 나왔다. 그가 편집장으로 있는 어느 문예지에서 몇 번인가 청탁이 있었고 그때마다 착실하게 글을 보냈다. 그렇다 한다면 필진들을 상대로 발송을 한 것일 수 있겠다. 그와 말을 섞거나 생각을 나눠보기는커녕 통성명조차 한 바가 없으니 불특정의 제위를 벗어나지 못한다는 말이다. 나 같은 무명 인사의 영혼 없는 인사치레는 건너뛰어도 서운타하지 않으리. 내 게으름을 합리화시키며 책장을 넘긴다.

선입선출의 질서를 무시당한 채 컴퓨터 옆에서는 기약 없이 책이 쌓여간다. 아주 드물게 중간치들이 뽑혀 나오기는 하지만 도착순에서 크게 벗어나지는 않는다. 그러므로 가장 최근에 당도한 그의 책이 당연 맨 윗자리였을 게다.

　대저, 불면에 책만큼 효과 빠른 수면제는 없다고들 농 삼는다. 글을 쓰고 책을 낸 자로서 참담함이 없지는 않다. 어느 유명 시인은 시집이 냄비받침으로 적격이라고 한다. 그리고 냄비받침의 용도로라도 시집을 사 주는 세상을 염원한다. 그의 자조 섞인 글귀에 공감하지 않는 작가가 있으랴. 소위 글쟁이라 떠벌리면서도 타인의 책을 대하는 나의 자세를 돌아보면 내가 떠나보낸 내 책의 운명도 대충은 어림칠 수 있다.

　설사 그렇다 하더라도 억울하거나 서운해 할 일은 아니다. 지나친 자기 비하일까만, 나도 시인처럼 수면 유도용으로라도 쓰임새가 있다면 감지덕지라고 정리를 해 둔 참이다. 부끄럽지만, 지금 이 순간 컴퓨터를 두고 책을 집어든 것도 잠을 청하기 위한 자구책이었으므로. 아무튼, 그리하여 내게 그의 책이 시작되었다.

　순전히 독자의 입장에서 말하건대, 내게 수필집은 두 부류다. 전자는 교복 입은 학생의 학구열 같은 책이다. 그들은 대개 반듯하고 모양새 있고 이론에 충실하려는 흔적이 엿보인다. 서두, 본문, 결미, 그 일목요연해야 하는 흐름에 글을 꿰맞추려는 의지도 대단하다. 크고 작은 소재를 동원하고 정제된 언어로 글을 밀고 나간다. 그리고 어느 즈음에 주제를 들이미는 수법도 나름 정교하다. 대단히 수필적이다. 달리 말하면, 정형적이고 일률적인 틀을 크게 벗어나지 않는다는 말이기도 하다. 개인적으로는 특별한 감흥을 받는 경우가 극히 드물다.

반면 후자는 자유 그대로의 자유를 추구하는 작가의 줏대가 느껴지는 책이다. 그렇다고 해서 무질서하거나 무성의하게 활자를 나열한 책을 칭하는 것은 아니다. 중국 무술의 취권처럼 흐트러져 있으나 맥을 잃지 않고, 방만한 듯 보이나 적재적소에서 허를 찌르는 글, 굳이 무엇을 말하려 하거나 말 해야겠다는 강박감이 읽히지 않는 글이 주류를 이루는 책이랄까. 와중에 섬광처럼 번쩍 나를 켜는 문장 두어 줄이라도 눈에 띈다면 금상첨화다.

이따금 발견하는 후자 성향의 책은 가슴을 뛰게 만든다. 오직 스스로를 발산하는 일로만 페이지를 채워가는 그의 헐렁함에 박수를 보내고 싶어진다. 발설하는 순간 형제 없이 사라지는 말이 아닌 까닭에, 글의 경우 도덕이나 양심, 세상의 그렇고 그런 잣대를 벗어버리기가 쉽지 않음을 알기 때문이다. 그가 생산해낸 글 속에서라면 원초적인 감정의 배설마저도 대단해보인다. 흐린 눈을 닦아가면서라도 한 무릎 다가앉게 되는 이유일 것이다. 그런 의미에서 이 책도 내게 잠을 부르기는커녕 잠을 물리는 역할을 하고 있다. 예술성이나 문학성, 그 골치 아픈 것들과 상관없이 감동적이다.

힘을 빼고 글을 쓰는 사람들을 보면 부럽기 한량없다. 형식 없는 형식에서 자유롭고 타인의 이목에 연연하지 않겠다는 뱃심까지 읽혀서다. 그런 글을 깔고 앉으면 나도 모르게 내 안의 들메가 느슨해지는 기분이 든다. 혹여 그가 글 속에서 삐딱 걸음을 걷는다손 치더라도 그럴 수밖에 없는 이유를 찾아 문장을 더듬게 되니, 유행하는 말로 '찐팬'이 된다 할까.

오래전, 글의 초보시절, 한 저명한 평론가의 강의를 들을 기회가 있었다. 전업 작가가 진정한 문학의 발전을 저해한다는 정도의 내용이었다. 생계와 결부되는 순간 독자의 구미에 글을 맞출 수밖에 없다는 게 그의 지론이었다. 까마득한 대선배의 일갈이니 의미도 모른 채 고개를 주억거렸지만 글을 쓸수록 조금씩은 수긍이 된다. 돈이든, 명예든, 스스로의 성취감이든, 무언가를 위해서 쓰는 글은 힘이 들어갈 수밖에 없더라는 것을 수차례 경험해 본 탓이다.

그의 글줄을 부여잡은 채 잠 없는 밤이 흐른다. 반듯하나 비뚤어지고, 단단한가 하면 흐물거린다. 미용실 수다처럼 구구절절하다가도 감춰둔 촌철살인의 한 수를 은근슬쩍 들킨다. 도덕적인가 하면 그것의 상위에 인간의 본성이 있음을 각성시킨다.

각진 군복 같은 글들 속에서 생활한복처럼 풍성한 책 한 권. 그의 자유로운 보폭에 두 발을 맞추다보면 내 안의 정형이 어느 한 구석이라도 허물어져 내리지는 않을까. 그를 모범보이며 나를 다시 조율하기 위해, 흔쾌하게, 잠을 주고 글을 사는 시간이다. (2022.11)

설핏 부는 바람에 허물이 일렁인다. 전전반측, 자괴감으로 수많은 밤을 해찰하게 만들던 내 허물도 벗어버리고 나면 저리 가벼운 실체를 드러낼지는 모르겠다. 그런들 어쩌랴. 내가 허물에서 해방되는 일은 삶의 끝자락에서나 가능한 것을. 죽음으로 벗어놓게 될 육신이야말로 평생 허물의 집대성판일 테니까.

3부

허물,
덮다

푸른 감옥

　나는 죄수다. 혼탁의 죄를 벌 받기 위해 구금된, 아직은 미결수다. 수갑도, 포승줄도 없다. 때로는 없는 것이 있는 것보다 더한 구속력을 가지므로 탈옥을 꿈꾸지는 않는다. 이따금 자유라는 굽 높은 신발이 뒤꿈치를 서성거리지만 철장 너머의 어제를 뜨겁게 회개하며 속박에 순응하는 중이다. 그것은 모양 빠지게 감형을 구걸하며 나를 읍소해야 할 만치 바깥 공기가 고프지 않은 까닭이기도 하다.
　내가 자청해서 수감되어야만 했던 이유를 굳이 떠벌리고 싶지는 않다. 엄살이라거나 합리화, 내지는 상대적인 박탈감에서 발로할 가능성이 크기 때문이다. 극한의 순간, 본능처럼 발동을 하는 것이 방어기제다. 하여, 내 죄를 두고 설왕설래 구설을 만들자면 지나친 방어본능이 본질을 가려버릴 공산이 크다. 게다가 나는 결코 죄의 경중에 합당하거나 조금이라도 가벼운 형량을 고대하지 않는다. 내

일을 장담할 수는 없지만, 더는 세상으로 귀환할 일이 생기지 않기를 은근히 바라기조차 한다. 나를 변호하지 않기 위해 줄곧 묵비권만을 행사했던 이유다.

감옥의 시간은 세상의 그것과 같은 듯 다르다. 한 해는 공히 사계로 등분되지만 각각의 계절은 체감하는 자들의 몫이기 때문이다. 문명이랍시고 밤이 낮보다 더 환해진 세상에서는 계절이 펄럭이는 이치마저 제대로 발현될 수 없었다. 고작 달력 두세 장의 무게로 스치고 지나가는 것이 계절이었다. 아니, 계절 같은 것은 애초부터 삶의 요건에서 배제되어 있었는지도 모르겠다. 세상의 시계는 편리와 풍요를 향해 눈 먼 질주를 계속할 것이므로 겨울이 가지 않는다 한들, 봄이 오지 않는다한들 대수였으랴.

더러 부지런한 이들은 철철이 계절을 찾아 길을 나서기도 한다. 그러나 본디 계절이란 보물처럼 찾아 헤매며 누려야 하는 대상이 아니었을 게다. 들숨과 날숨을 통해 내 안으로 체화되는 것, 그 흔적으로 세월의 나이테를 만들어가는 것이 삶의 속성이 아니었을까. 한없이 게을렀던 나는 먹고 사는 일을 핑계로 계절 그대로의 계절을 수없이 놓치며 살았다. 그리하여 어느 날 문득 세월에 대한 박탈감이 그토록 컸는지도 모르겠다.

감옥의 사계는 느리지만 입체적이다. 봄여름가을겨울이 무한 반복되는 시간의 악장 속에서도 지금 이 순간은 결코 어제와 같거나 내일 복습되지 않는다는 것을 감옥에 들앉고서야 깨우치게 되었다. 대단한 카르페디엠은 아니나, 매순간 오감을 부릅뜨게 된 이유다.

황량하다 못해 콧등이 시큰해지는 겨울이 가지 않으면 생명의 환희가 싹트는 봄이 오지 못하고, 봄이 없으면 풍성한 결실로 배부른 가을은 있을 수 없다. 긴 숨 쏟아놓으며 휴거에 드는 겨울 역시 그러하다. 불볕을 쏟아 부어도, 얼음장처럼 냉랭하여도, 어느 한 계절 홀대를 받지 않는 공평무사가 말없이 교습되어진다 할까.

자연스런 흐름이 나 대신 나를 연주해주는, 그것이 세상을 닮은 대가다. 하여, 굳이 의무감이라든지 경쟁의식을 동원해서 가난한 열정을 긁어올릴 필요는 없다. 찾지 않을 때 찾아지고, 보고 듣고자 촉을 세우지 않아도 보이고 들리는, 이것, 저것, 그것들…. 모든 것을 차압당한 듯 보여도 무시로 찾아오는 뜻 모를 충일감이 이 적막하고 고독한 감옥을 거부하지 않는 까닭인지도 모르겠다.

세상 모든 것들이 결과結果를 향해 나아가는, 지금은 여름이다. 붉고 푸르고 노란 제복으로 교대근무를 하던 꽃의 간수가 퇴물처럼 스러지고, 녹음방초, 죄 푸른 개체들이 실시간으로 나를 모니터링한다. 그들은 잔뜩 물을 올린 촉수로 행여 모를 일탈을 망보지만, 나는 어떤 탈주도 획책하지 않을지니. 푸르디푸른 감옥 속에서 푸른 생각을 하고, 푸른 똥을 누고, 푸른 일기를 쓸 각오로 아직은 야심찰 따름이니.

맴맴맴. 매미소리가 태양보다 더 뜨겁다. 이글거리는 화로에 풍구를 돌리는 듯 귓전으로 닿아지는 공기가 홧홧하다. 뒤 마려운 강아지 마냥 거실에서 마당으로, 창고로, 장대 같은 깨 숲으로 몸을 숨겨도 열과 성을 다해 목청을 틔우는 매미들의 소리를 따돌릴 수는 없다. 나른한 오수를 꾀하다가도, 매미의 고고성高高聲에 화들짝 깨어난다.

성가시지만 어쩌랴. 일곱 해를 기다렸다가 고작 이레, 소리의 날개를 허락받는다는 그들이니 한풀이는 원 없이 해야 할 터. 내가 태어나기 이전부터 여름은 있어 왔고, 매미는 혹독했던 우화의 시간을 고백하듯 허공을 향해 벌건 피울음을 쏟았을 것이다. 그것이 대대로 이어져 온 생태계의 준엄한 질서다. 그리고 그것은 내가 가타부타할 수 있는 영역이 아닐 게다.

실상, 매미소리가 있는 여름은 때때로 돌아가고픈 유년의 한 풍경이었다. 다글다글 뭉쳐 앉은 조약돌처럼 너나없이 훌러덩 알몸을 끄집어내던 계곡이며, 아카시 줄기로 '가위바위보'를 외치던 너럭바위, 네 잎 클로버에 정신을 파느라 팥죽 같은 땀으로 목욕을 하던 언덕배기에도 매미는 오늘처럼 악을 쓰며 울었다. 그것은 너무나 당연했으므로, 세상 어딘가에 있을지도 모르는, 매미가 울지 않는 여름을 결코 동경해보지 못했다. 매미라는, 내 삶의 오래된 등장인물을 이제 와서 타박하랴.

세상의 모든 여름 속에는 분명 매미의 지분이 있었을 테다. 굴러들어온 주제에 박힌 돌을 두고 구시렁거렸으니 저들인들 얼마나 황당했으랴. 이기와 욕망으로 다져진 굳은살이 조금은 무두질되었으리라 생각했건만 내 죄과는 그리 호락호락 갈무리될 것이 아니었던가 보다.

스스로 정화할 기회를 주는 것. 감옥이 교화의 수단이라면 그것은 자정으로 인도하는 일인지도 모른다. 굳이 명령하지 않아도, 이 순간, 푸르게 태어나 푸르게 번성하는 것들, 그 황감한 파노라마를 내 안으로 들이며 해묵은 세상의 더께를 한 꺼풀씩 벗겨간다. 입 없는 간수를 보내어 말 없는 언술을 펼치는, 그것이야말로 푸른 감옥이 베푸는 은총이다. 나를 그들에게 맡기기로 한 것은 탁월한 선택이었지 싶다. 언젠가 세상으로부터 만기 출소되는 날, 하얀 수의壽衣가 욕되지 않을 만치의 청정지역은 마련해두어야 할 것 아닌가.

경을 외듯, 매미들은 한 생애를 뜨겁게 울고 있다. 나는 폭포수처럼 들이치는 소리의 한가운데에서 밥을 먹고 글을 살핀다. 같은 대상을 두고도 누군가는 천국을 읽고 누군가는 지옥을 읽는단다. 그렇다한다면, 이 순간, 푸르게 공명하는 소리의 감옥에서 나도 천국을 향해 귀를 뻗을지어다. (2021.8)

무릇, 똥

길이 아니라 아예 똥밭이다. 대충만 쓸어 담아도 한 자루는 족히 되겠다. 이렇게 많은 똥을, 하필이면 길목을 따라 싸질러 놓다니. 매너 한 번 똥 같다.

춥다는 핑계로 한동안을 칩거하다 뒷산을 오르는 중이다. 걸음걸음 똥이 밟힌다. 서리태처럼 까맣고 동글동글한 똥·똥·똥. 간만의 산보에 황감할 틈도 없이 난데없는 똥세례 때문에 발밑이 조심스럽다.

임자 없는 똥은 없을지니, 겨울의 적막강산을 헤집고 어느 목숨 하나가 이 길 위에서 부단히 근심을 풀어解憂내었던가 보다. 군데군데 남아있는 족적으로 보건대, 밤만 되면 집 근처로 내려와 그악스런 목청으로 어둠을 분탕질하던 고라니의 소행이 분명하다. 인도의 정치가 간디는 '독립보다 화장실이 더 중요하다'고 하였다는데, 고라니들에게도 화장실 한 칸 마련해 주어야 하나 싶어질 정도다.

 늘씬한 몸매에 촉촉한 눈망울, 각선미를 자랑하는 네 다리까지, 단아한 발자국만 남기고 사는 듯 보였던 녀석도 생리현상은 어쩔 수 없었는가 보다. 똥, 그 지저분하고 냄새나는 것을 떨어내느라 겅중거렸을 녀석을 생각하니 피식 웃음이 난다. 범인은 반드시 범죄의 현장에 다시 나타나려니. 속 시원 했을 방사의 현장을 짚어가며 녀석의 기척을 탐문해보지만, 마치 교란작전이라도 펼치듯, 어디선가 산꿩 두어 마리만 요란스레 날아오른다.

 똥 앞에 쪼그리고 앉는다. 제 방귀소리에도 놀라 달아난다는 극소심주의자인 고라니지만 나름 신간은 꽤나 편안했던가보다. 빵틀에서 찍어낸 붕어빵처럼 참하게도 똥을 빚어놓았다. 작고 앙증맞은 그것들에게서는 똥이라는 단어가 품은 불결의 뉘앙스마저 전해지지 않는다. 유년의 한때를 사로잡던 공깃돌처럼 호주머니가 불룩해지도록 챙겨 넣고 싶은 충동까지 생긴다.

 시골에 눌러앉고부터 나는 똥에 상당히 관대해졌다. 아니, 관대해질 수밖에 없었다. 소똥, 닭똥, 개똥, 고양이똥, 하다못해 파리똥에 배추벌레똥까지, 수많은 배설의 흔적들이 무시로 일상을 범람한다. 이곳을 떠나지 않는 한, 똥을 안보고 살 수는 없다. 애초부터 퀴퀴한 두엄냄새가 시골의 정체성이라는 것을 각오하고 왔기에 망정이지, 그렇지 않았다면 보따리를 풀기도 전에 줄행랑을 치고 말았을지도 모른다.

 똥에도 면역이 생겨나, 오늘처럼 불시에 만나지는 똥 앞에서 필요이상의 호들갑을 떨지 않게 되었다. 눈살을 찌푸리거나 코를 거머쥐는 오버 액션도 하지 않는다. 그저 한 생명체가 잠시 머물렀던 흔적쯤으로 데면데면 읽어내는 것. 그것이 시골인人으로 뿌리내리기 위해 찾아낸 똥의 해법이었다.

지난 가을, 대대적인 마늘 파종을 앞두고 마을 안팎으로 똥내가 진동을 했다. 벼를 수확한 논에 땅심을 돋우기 위해 거름이 동원된 탓이었다. 산 아래 한갓진 곳에 적치물처럼 방치되어 있던 우분牛糞이 오랜 결가부좌를 푸는 의식이었다. 고독하게 발효의 시간을 거친 똥이 냄새를 앞세워 자신을 선언하고 나섰다. 지상을 큼큼하게 적어나가는 똥의 화법이 마뜩찮아 나는 문을 꼭꼭 닫아 거는 것으로 거부의 의사를 밝혔다.

우분이야말로 최상의 거름이란다. 마늘뿐만 아니라 김장배추도 우분을 거름 삼으면 얼마나 '꼬소'한지 모른다고, 동네사람들은 입을 모아 똥 예찬론을 펼쳤다. 그렇다 한다면, 뿌리에서부터 줄기, 잎까지, 내 밥상에서 똥과 무관한 먹거리가 별반 없다는 결론이었다. 그들의 말에 고개를 주억거리면서도 나는 똥이 입으로 들어간다는 사실만 내내 꺼림칙했다.

그러나 로마에 가면 로마법을 따라야 할 터. 나도 꾸덕꾸덕해진 소똥을 주무르며 무와 배추, 쪽파 등속을 심었다. 실하게 자란 그것들로 갖가지 김치를 담갔다. 사람들이 말한 '꼬순'맛을 느끼기 위해 이따금 밥상머리에서 남몰래 똥을 떠올리기도 했다. 밥이 그러하듯, 똥 또한 나를 일으키는 밥이 되어 왔음을 인정할 수밖에 없었다.

　사람이나 동물이나 먹지 않고 살 수는 없다. 먹은 자 배설에서 자유로울 수도 없을 것이다. 천하의 양귀비인들 남몰래 치러야 하는 뒤 구린 의식을 건너 뛸 수 있으랴. 내 몸 밖으로 밀어내는 순간 결코 내 것이 아니었던 듯 고개를 돌려버리지만, 삶을 단순화시키다 보면 결국 먹고 싸는 일로 귀결이 되지 않는가.

　내가 무엇을 먹고, 어떻게 살았는지를 적나라하게 보여주는 것이 똥이며, 똥은 거짓말을 하지 못한단다. 먹거리가 과했거나 부실했거나, 근심걱정에 휘둘렸거나 자기 관리에 소홀했거나, 상황 여하에 따라 똥의 양상이 제각각이라는 것이다. 500원을 삼키고 500원짜리 음료수를 쏟아내는 자판기처럼, 우리의 육신도 하루하루 자신의 행위에 합당한 똥을 만들어내는 기계와 다를 바 없겠다는 생각이 든다. 똥이라는 성적표로 그날그날의 삶을 역산逆算해보는 것도 꽤나 재미있는 작업이 될 것 같다.

　먹고 싸고, 먹고 싸고…, 결국 언젠가 나라는 존재도 세상 밖으로 배설되어질 것이다. 더 이상 젊지 않은 몸과 명료하지 못한 정신, 고갱이가 소진되어버린 껍데기처럼 쓸모를 잃은 채 맞이하는 끝이라 하여도 그 끝이 영원한 끝은 아닐지도 모른다. 굳이 윤회라는 거창한 단어까지 동원하랴. 허망하게 사라지는 듯 보여도, 세상 어느 귀퉁이에서는 분명 내 몸을 자양분 삼아 꽃이 피고 나무가 뿌리를 굳힐 것이다. 찌꺼기의 배출이라 하여 하찮게 치부되어야 마땅한 똥은 아니라고, 불쑥 똥을 변호하고 싶어진다.

똥자리를 툴툴 털고 일어선다. 콩알만 한 배설물에서 똥의 거룩한 부활을 생각하는 하루. 태고 이후 무수한 똥이 키워 놓은 숲의 가랑이 사이로 소생의 봄이 푸릇푸릇 일어서고 있다. (2019.1)

여우전傳

　기역 자 굽은 허리로 유모차를 밀고 다니는, 택호가 덕산인 할매는 당신 안에 여우를 키우신다. 삼년 남짓 하루에 한 번 이상은 얼굴 도장을 찍었지만, 단 한 번도 할매에게서 여우의 기척을 느껴보지는 못했다. '동물의 왕국'에서나 보았음직한 노리끼리한 털에 두툼한 꼬리, 길고 뾰족한 주둥이로 카랑하게 허공을 깨는 울음소리가 구순을 목전에 둔 할매의 왜소한 실루엣과는 도무지 겹쳐지지 않는다. 그러나 정작 본인께서 여우를, 그것도 여러 마리씩이나 품고 계신다 하니 믿을 밖에.
　내가 이곳에 정착했을 무렵, 할매는 하루에도 몇 번씩 산악용 사륜바이크를 타고 뒷산등성이에 있는 감나무 과수원을 오가셨다. 네 개의 우람한 바퀴는 무적의 함대처럼 할매를 호위했다. 덕분에 할매는 오르막도 내리막도 너끈하게 무찌르며 노익장을 과시하셨다.

남편인 덕산 어르신보다 두 살 연상이라 동네에서 남녀불문 최연장이면서도 흔한 노인용 전동차는 낯간지러워서 못 탄다고 선언할 만치 호기로우셨다.

그때의 여전사는 어디 가고 요즘은 당신 한 몸 건사하는 일도 버겁다신다. 오랜 농사일로 어깨의 힘줄이 파열되어 오른팔을 거의 쓰지 못하시는 지경에 이르렀다. 연세가 있으니 병원에서도 수술보다는 진통제를 권하는 모양이었다. 하여, 굉음으로 고샅을 흔들고 가던 바이크도 시동조차 걸리지 않는 날이 많다. 옆지기 어르신을 위해 소박한 세 끼 밥상을 차리는 일마저 죽을힘을 다하신다니 세월을 거들어 드릴 수도 없고….

아동복이나 치수가 맞을 법한 노구에 깃들어 산다는, 염치없는 여우는 어떤 녀석일까. 얼마 전 토종 여우가 절종위기라고 뉴스에 보도되었던 바, 평생 흙의 반경을 고수하셨던 할매께 똬리를 튼 녀석도 분명 외래종이 아닐 테다. 간교나 교활 같은 불미한 뉘앙스의 옷을 입고 이 땅의 곳곳에서 야생하던 여우들이 모두 할매 속으로 옮겨가버린 것인지. 오늘은 따끈한 햇살에 등을 구우며 할매의 입에서 흘러나오는 여우들의 난장질을 경청하고 앉았다.

"아이고, 인자 암 것도 못한다. 맨날 놀고 묵으니 편키는 하다마는, 세월이 참 지겹네. 사랑방에 와도 혼자요, 집에 있어도 혼자 멍청하게 테레비만 지키고 앉았으니. 젊을 때는 일하니라 낮에 잠깐 등 붙일 새도 언감생심이더마는, 인자 세월이 이래 지겹다. 스물에 시집와서, 서른, 마흔…, 그 너른 논에 삼십년이나 손모를 안 심었

나. 죽으나 사나 일에 붙들려 살았니라. 어데 고랑이나 짧았나. 자슥들 갈치고 묵고 살 끼라고 아등바등했지. 아는 줄줄이 낳아 놓고 논밭에서 살다시피 했으이 우리 시어매가 맨날 아 들쳐 업고 젖 물리러 댕깄다 아이가. 오늘은 이 들판으로, 내일은 서 들판으로, 내 찾아 댕긴다고 시어매도 참 고생 마이 했다. 그라이 잠시 등 붙일 시간이 어데 있었겠노. 하루가 우째 가는지도 몰랐는데. 그란데 지금은 세월이 지겹다고 이래 요사를 떨어 쌌는다. 내 안에 여우가 이래 많타."

새삼스런 발견이라도 한 듯, '내 안에 여우가 이래 많타.'를 두어 번 후렴구 삼곤 자리를 털고 일어서신다. 그 순간, 할매에게서는 회한이나 쓸쓸함과는 다른 묘한 표정이 스치는 것이었다. 추레한 고무줄 바지를 엉덩이에 걸쳐 입으신 채 휘적휘적 멀어지는 할매를 배웅하며 여우에 대해 생각하게 된다.

나는 죽어도 곰熊과를 벗어나지 못한다. 내 성향을 조금이라도 아는 이라면 나를 여우狐과에 줄 세우지는 않을 거라 확신할 만치 무덤덤, 재미없는 부류의 인간이기 때문이다. 어느 자리든 꿔다 놓은 보릿자루를 면치 못하는 주제가 자랑은 아니나, 덕분에 유쾌하지 못한 입질에 오르내리는 일은 조금 덜하다. 다행스럽게도, 중심보다는 언저리, 관심보다는 무관심이라는 괄호 속에 갇히게 된다한들 그다지 애면글면하지 않을 만치 내공도 쌓여간다. 무지근하게 닫힌 입과 굼뜬 행동거지, 그리고 적당한 게으름까지, 여우보다는 곰으로서의 요건에 가까워 있다는 것을 인정한다는 의미일 게다. 나 스스로조차 곰스러운 것이 더 익숙하고 편하니 억울한 구석이 있을

까닭도 없다. 그런들 그 모든 것들이 내 안에서 나를 탄주하는 여우의 교묘한 전술이었다면 이야기는 달라진다.

　내 안을 웅성거리는 타자들의 목소리가 여우라면, 내 안에도 꼬리 아홉 달린 여우가 산다. 기억에는 없지만, 아마도 일정부분의 본능을 벗고 인지 능력이 자리 잡을 즈음부터 나를 숙주 삼기 시작했지 싶다. 손때 묻은 동전 몇 닢으로 구멍가게를 기웃거리며 사탕에 혹했다가 풍선껌에 혹했다가 변덕을 일삼았던 기억이 아직도 선연한 걸 보면 그간 나를 쥐락펴락, 우유부단케 만들던 선택장애가 모두 여우에서 발원되었던 것인지도 모르겠다. 겉바속촉의 유행어처럼 행동거지는 곰이나 시도 때도 없이 야살을 부리는 내 안의 어떤 정체, 이따금 자괴감으로 발목을 잡던 나의 이중성도 이제야 설명이 된다.

　'온몸으로 글을 밀고 나가는 느낌이 없으면 쓰지 못한다'

　언젠가 어느 작가의 글을 본 적이 있었다. 토막잠을 못 면하는 사람마냥 늘 글로 몽롱하던 내게 참으로 부러운 작법이었다. 눈덩이를 굴리듯 그 '느낌'을 무르익혀 보느라 잠시 동안 붓을 쉬었던 적이 있을 정도였다. 그러나 내게 있어 글을 밀고 나가는 웅혼한 느낌은 쉽게 얻어지는 것이 아니었다. 하여, 그림 속의 떡처럼 입맛만 다시다가 내 식 대로를 고수하고 있는 중이다.

　그런데 오늘 아침, '온몸으로 글을 밀고 나가는 느낌'을 강조하던 이의 변질을 확인하는 일이 생겼다. 이른바 표절, 인용의 표식을 달지 않은 채 누군가의 시를 작품 속에 버무렸다는 것이었다. 그럴 리가 없다 싶어 급히 인터넷을 뒤졌다.

  쓸쓸하지만, 질책은 타인의 몫으로 미뤄두고, 그 안의 여우를 들여다본다. 옹호는 결코 아니나 어렴풋한 연민마저 부정할 수는 없겠다. 그간의 경험치를 들추어 보자면, 글로 늘 목마르지만, 내가 퍼올리는 글의 두레박은 인색하기 마련이다. 벌컥벌컥 갈증을 달래기는커녕 입안을 적실 한 모금의 글줄도 탁발을 하기가 쉽지 않은 것이 글이라는 외딴길에 선 자들의 숙명이 아닐까. 알면서도 들어선 길이지만, 나 또한 문득문득 벽처럼 마주치는 회의와 좌절 앞에서 막막했던 적이 한두 번이 아니다. 남의 글에 눈이 멀었든, 은근슬쩍 남의 글을 넘보았든, 그라는 사람에 대해 긍정과 부정을 떠난, 야릇한 소회를 곱씹게 된다.

  누구든 여우의 서식지가 될 수 있는가 보다. 덕산 할매의 생생한 증언에 의하면, 여든 세월을 뒷배 삼아도 그 여우에게서 자유로울 수 없다. 결국, 내 삶의 많은 부분도 여우의 각색을 벗어나지 못하고 있다는 뜻이겠다.

  덕산 할매의 후렴구가 자꾸만 입술을 맴돈다. 정체를 들켜버린 내 안의 여우 한 마리가 하품처럼 긴 하울링을 뱉어낸다. *(2021.12)*

가벼운 집

"빨리 나가. 문 잠글 거야."

 허름한 텃밭 울타리에 빗장을 걸며 구성없는 한마디가 툭 튀어나온다. 그러거나 말거나 서너 마리 딱새들은 감나무에서 거름더미로, 바닥의 풀더미로 쉴 새 없이 잔망을 부린다. 애초부터 문門의 취지는 당신네 인간들의 해당사항 아니냐는 듯, 문이 필요 없는 세상을 보란 듯이 활보하고 있다. 말의 실효를 기대하지는 않았지만 맹랑한 녀석들이다.

 안과 밖, 내 것과 내 것 아님의 경계가 문이다. 그것은 물리적인 여닫이 장치이기도 하지만, 피차 암묵적 동의를 거친 공인된 약속이기도 하다. 하여, 문 밖에 있는 자들은 두드린다는 절차로 문 안을 향해 스스로를 타전해왔다. 그러나 문의 예법을 귓등으로 흘리며 내 영역을 넘나드는 녀석들은 인간이 아니므로 몰상식의 덤터기를 씩우지는 않기로 한다.

  저물녘, 모든 살아 있는 것들이 귀소본능으로 허둥거리는 시간이다. 녀석들도 어딘가에서 낮의 번잡을 눕혀야 할 테다. 저 날飛 것들은 모두 어디에서 밤을 나는 것일까. 촐싹대는 날갯짓을 뒤쫓아 보지만 그들, 몸 가벼운 족속들은 밤낮의 구분조차 인간과 같지 않은가 보다. 땅거미가 내려앉는 일몰의 시간에도 당최 집이라는 안온한 쉼터를 갈구하는 기미를 보이지 않는다. 끝내 주소지를 들키지 않으려는 잠행인지, 집에 대한 애착 자체가 부재한 종족들인지.

  며칠 전 이웃에게서 한 딱새 부부의 근황을 전해 들었다. 잠시 한가한 틈을 타서 농기구를 정비해두려고 창고엘 갔더니 커다란 기계 틈에 둥지를 틀고 손톱만 한 알을 네 개씩이나 낳아두었더란다. 하필이면 언제 시동이 걸릴지 모르는 차가운 쇳덩이를 포란의 장소로 택했는지, 걱정이 앞섰다.

  비록 허섭스레기 같은 검불로 터를 다지고 기둥을 세웠으나마 누구도 넘볼 수 없는 철옹성이어야만 하는 것이 그들의 집이다. 걸어 잠글 문은 없지만, 천적 들고양이의 마수를 피하고, 사방 도사린 위험요소에서 새끼를 지켜내기 위해 안전을 가장 염두에 두고 물색했을 게다. 그런들 새가 어찌 인간의 농사주기를 알 것인가. 무시로 출동을 해야 하는 것이 농기계이고 보면 결코 안전하다 할 수 없는 곳임은 분명했다. 새끼들을 무사히 키워내고 나면 차갑고 단단한 기계 속의 집일랑은 기억에서 지워버리라고 볼 때마다 귀띔을 했다.

  갑작스런 인기척에 안절부절 못하는 새 두 마리를 목격한 주인이 혀를 끌끌 차면서 돌아서더라는 남편의 전언에 비로소 한시름을 놓을 수 있었다. 하긴, 자식을 키우는 입장에서 새의 모정을 어찌 외면할 것인가. 나는 그 후 햇빛도 잘 들지 않는 기계 틈에 눈을 박고 자주 그들을 들여다보았다. 알을 품은 녀석은 눈을 왕방울만 하게 치켜뜨는 것으로 경계심을 표했다. 보이지 않는 금줄을 쳐놓고 삿된 기운을 망보고 있었으련만 나는 나대로 재촉을 하는 마음이 컸다. 생명의 탄생이란 의지와 무관하게 이루어지는 일이기는 하나, 부디 서두르기를. 시간이 지체되어 본격적인 일철이 돌아온다면 새를 이유로 기계의 가동을 막을 수는 없을 터였다.

그러구러 예니레쯤이 흐르자 부화를 했다. 볼 때마다 앙증맞고 따끈따끈한 목숨들이 노랗게 입을 벌린 채 어미를 학수고대하고 있었다. 사람이든 새든 무릇 부모 되는 자, 저 무구한 입을 채워주기 위해 동동거려야 하는 숙명의 존재가 아니랴. 아침저녁으로 눈맞춤을 하면서 그들을 응원했다. 이소가 멀지 않았으려니, 어느 날 문득 작별을 맞닥트려도 황망해하지 않기 위해 날마다 마음을 다잡았다. 희끄무레한 깃털만 수북하게 남겨놓은 채 아기새들이 사라진 날, 나는 비로소 안도의 한숨을 내려놓았지만 서운함도 적지는 않았다.

그들의 집은 이제 집이 아니다. 부모새도 더 이상 그곳을 기웃거리지 않는다. 기억하는 자만 기억하는 그들의 주소지에는 문패도 지번도 없다. 물론 고가의 프리미엄 같은 것이 있을 리도 만무하다. 세상 가장 안온한, 집이라는 공간 본연의 임무에만 충실했던 그 집을 보노라면 괜스레 착잡해진다.

　드디어 제 앞으로 된 집을 가지게 되었다고, 어제 아침 아들에게서 전화가 걸려왔다. 얼마 전 서류를 넣은 청약에 당첨이 되었단다. 겨우 계약금을 치른 주제에도 마치 제 이름 석 자를 새긴 문패라도 내건 양 잔뜩 상기되어 있었다. 대단한 아빠찬스나 엄마찬스와 거리가 먼 부모를 둔 까닭에 사회초년생을 벗어나면서 딴엔 마음이 분답했던 모양이었다.

　육신을 쉬게 하고 정신을 눕힐 수 있는 자기만의 고요 공간, 집. 서류상의 내 집을 소유하기 위해 치러야 하는 대가가 너무 큰 요즘이다. 3포 세대니 7포 세대니, 절망적인 언어로 스스로를 눙치면서도 희박한 가능성에 목을 매느니 사는buy 것과 사는live 것 사이에서 자신만의 무게중심을 찾겠다는 청춘들도 적잖이 보인다. 집보다는 워라밸work-life balance을 추구한다는 명분 아래 불확실한 내일보다는 손에 쥔 오늘을 행복하자는 하비 슈머hobby-consumer족도 드물지 않다. 그들의 확고한 자기주장에 무한 박수를 보내기는 하지만 솔직히 내 자식에게 권할 자신은 없다. 나는 아직도 사회적으로 학습된 경제적 가치로서의 집의 위상을 무시하지 못한다는 반증일 게다.

　아들은 아마도 한동안 집을 갚아나가는 일로 허덕이게 될 것이다. 녀석이 감당을 해야 할 몫이라고 냉담해졌다가도, 집의 무게 때문에 날고 뛰어야 할 청춘의 특권이 한 모서리쯤 무너지는 건 아닐까 싶어 안타까운 마음이 든다. 도시에 남겨두고 온 아파트라도 처분해야 하나, 아들 녀석의 집으로 하여 내 일상도 짬짬이 짓눌린다.

딱새들을 뒤로 하고 돌아서는 길, 창고 바닥에 둥지가 나뒹굴고 있다. 새가 벗어놓은 집이 바람의 입질에 순순히 결속을 해제 하는 중이다. 제 역할을 마친 지푸라기며, 마른 나뭇가지 등속도 시나브로 풍장되고 있다. 참으로 가볍고도 쌈박한, 집의 원형이다. (2022.5)

허물, 덮다

 가을 설거지를 하다가 기겁을 하고 말았다. 마른 대궁들 사이에 검불처럼 뒤섞인, 배배 꼬인 망사 스타킹 같은 그것. 하필이면 그 시점에 호기심이 발동을 했는지, 반 뼘쯤 고개를 조아리고 훑어가다가 못 볼 것을 보고 말았다. 삼각형의 대가리와 양쪽으로 빠끔히 찍힌 눈, 선명하게 남아 있는 비늘무늬까지, 분명 뱀의 허물이었다.
 금방이라도 나를 감고 오를 듯, 허물은 정교한 뱀의 실루엣을 그리고 있었다. 어제도, 그제도 밭을 정리하느라 바닥을 더듬었으니, 어쩌면 저 흉측한 것에 내 손이 한두 번쯤 닿고 지났을지 모른다. 한 술 더 떠 가짜를 벗어놓은 진짜가 어딘가에 있을 것만 같아 용수철처럼 벌떡 앉은 자리를 솟구쳐 올랐다.
 시골살이를 시작한지 두어 달쯤 지났을까. 마당에 출몰한 뱀 때문에 기함을 했던 적이 있다. 미끄러지듯 잔디 마당을 건너 화단 구석의 감나무를 타고 오르는 것이었다. 녀석의 행보는 일필휘지의 문장처럼 거침이 없었다. 대大를 위해서는 소小를 희생하겠노라, 그들 족속에 대한 거부감을 혀 밑으로 구겨 넣고 지내던 참이었다. 아무래도 희생이라는 단어를 너무 가볍게 본 모양이었다. 결국 정신줄을 놓은 나는 응급실행이라는 웃지 못 할 비화를 기록하고 말았다. 첫 뱀과의 요란한 대면식이었다.

그 후 산책길에서나 밭두렁에서 두어 번 마주치기는 했다. 돌처럼 굳어 발조차 떼지 못하는 나와 달리, 녀석은 능글능글 제 갈 길을 재촉하는 여유를 보였다. 존재 자체만으로 크나큰 재앙이기라도 한 듯, 혐오의 눈빛을 화살촉처럼 겨누는 내가 머쓱해질 정도였다.

아무리 생각해도 그들을 안 보고는 살 수 없는 노릇이었다. 그들의 악의 없는 악의에 필요이상으로 허둥거리지 않기 위해 몇 번이고 양보하는 마음을 되새겼다. 태어난 이상 살아갈 권리가 있는 목숨이라고. 입은 옷이 마뜩찮다 하여 내 눈을 비켜 다니라 윽박지를 수 없는 일이 아닌가. 그들은 그들대로, 나는 나대로 지상을 나누어 누리라는 것이 대자연의 엄중한 명령일진대, 뉘라서 그것을 거스를 수 있으랴.

감사하게도, 공포심에 면역이 생겨났다. 멀찍이서 바라볼 수 있을 정도로 간담도 커졌다. 몇 번인가는 뒤꿈치를 꼿꼿이 세운 채 꽁무니를 뒤쫓아 보기까지 했다. 그러나 산 것이든, 명을 다한 것이든, 정통으로 코앞에서 상면하는 것은 살 떨리는 일이 아닐 수 없다.

문제는 평소처럼 기절할 듯 자지러져본들 지근에는 도와줄 이가 없다는 사실이다. 이도 저도 내팽개치고 삼십육계로 위기 아닌 위기를 모면하자니 그도 명분이 서지 않는다. 흔적만으로도 내게는 이토록 공포유발자가 되는 존재지만, 한낱 풍장 되어 가는 한 마리 미물의 껍질이 아닌가. 그것은 더 이상 혀를 날름거려 나를 움츠리게 하지 못할 뿐더러 느물거리는 몸짓으로 공포감을 조성할 능력도 없다. 한때 치명적인 독을 품었다한들 그마저 희석된 지 오래다. 하여, 조금은 대담해져도 좋을 거라고, 내 안의 내가 엉덩이를 붙들어 앉힌다.

뱀은 일 년에 두세 차례 허물을 벗는다고 한다. 때맞춰 내려주는 하늘의 의복 한 벌이면 새로운 탄생이 가능하다는 말이다. 계절이나 취향, 색감을 고심할 필요가 없다. 거품에 거품으로 얄팍한 지갑이 축나지 않을까, 소심하게 계산기를 두드리는 일에서도 자유롭다. 격식이나 분위기에 맞추느라 입었다 벗었다, 그 골치 아픈 통과의례 따위는 가뿐하게 건너뛰어도 좋다. 그들의 타고난 간소함이 부럽기는 하지만 그게 말처럼 간단치만은 않다고 한다.

그들에게 낡은 껍질을 벗어내는 일은 삶의 부수가 아니다. 자칫 그것이 원활치 못할 경우 죽음을 맞게 된다니, 사활이 걸린 작업인 셈이다. 생살을 찢어내는 고행 끝에 더 성숙한 삶을 성취한 흔적이 바로 허물이라는 뜻이겠다.

일찍이 법정 스님께서는 허물없는 사람은 없다고 설파하셨다. 그러나 나는 허물 벗는 사람을 보지는 못했다. 나라고 뾰족한 수가 있으랴. 외려, 내 허물로 눈 닫고 귀 막은 채 수없는 오류를 반복했던 과오만 선연하다. 허물이 허물임을 깨달을 즈음이면 변명이나 합리화로 포장하기 바빴으니, 갑옷처럼 단단해진 허물 속에서 그리도 복닥거렸던가 보다.

나는 알지만, 타인에게 알리고 싶지 않은, 아킬레스건과 같은 것이 허물이겠다. 내 것에는 너그럽고 남의 것에는 까다로운 잣대를 겨누게 되는 것도 허물이다. 내 허물은 가리기에 급급하고 남의 허물은 들추기에 급급할 수밖에 없는 것은 그 때문이 아닐까.

필시 뱀은 인간보다 고등의 동물이지 싶다. 납작한 포복으로 세상을 걷는 겸손에다, 수없는 탈피로 스스로를 초기화시키는 재주까지 타고났으니 말이다. 만물의 영장이라 자처하는 인간에게조차 허락되지 않은 덕목을 갖춘 바에야 무작정 낮잡아 볼 상대가 아닌 것만은 분명해 보인다.

그간의 나를 감쪽같이 내려놓을 수 있다면 얼마나 가벼울까. 다시 태어나기 위해서라도 과오를 인정하는 일이 훨씬 수월할 것 같다. 삶이라는 고난도의 문장도 지우고 다시 쓸 수 있다면 순간순간에 조금 더 용감해질 수 있으련만.

설핏 부는 바람에 허물이 일렁인다. 전전반측, 자괴감으로 수많은 밤을 해찰하게 만들던 내 허물도 벗어버리고 나면 저리 가벼운 실체를 드러낼지는 모르겠다. 그런들 어쩌랴. 내가 허물에서 해방되는 일은 삶의 끝자락에서나 가능한 것을. 죽음으로 벗어놓게 될 육신이야말로 평생 허물의 집대성판일 테니까.

저나 나나 사는 일은 곧 허물을 만드는 일일진대. 한 벌 허물을 까발려놓고 녀석은 어느 지상을 기고 있는 것일까. 무시로 스스로를 탈피하지 않으면 자신에게 갇혀 죽음을 맞이할 수밖에 없다는 허물의 일침에 등줄기가 뜨끔해진다.

돈 대신 지불하는 수업료라 할까. 포슬한 흙을 긁어모아 주인 벗은 허물을 다독다독 덮어준다. (2021.10)

배짱 없는 베짱이

　우화, '개미와 베짱이'의 결미는 나라마다 다르게 각색된단다. 일본이나 우리나라는 개미가 과로사를 면치 못하는 것으로 끝을 맺는다. 공동생산 공동분배의 시스템에 익숙한 쿠바의 경우, 베짱이는 당당하게 이야기한다. 개미들이 열심히 일을 하는 동안 자신은 아름다운 노래로 귀를 즐겁게 해주었노라고. 그러자 개미는 일밖에 몰랐던 스스로를 뒤돌아보며 '이제부터는 함께 춤추며 살자'는 호의로 쾌히 식량을 나누었다나.
　미국편은 좀 더 다이내믹dynamic하다. 자신의 밥은 자신이 버는 법이라며, 개미는 베짱이의 부탁을 단호하게 거절한다. 그 후 극적인 반전이 일어난다. 낙심한 베짱이가 노래로 자신의 처지를 달래고 있는데 마침 지나가던 음반기획자가 이를 듣게 된다. 뛰어난 노래 실력을 인정받은 베짱이는 일약 돈방석에 앉게 되는데, 여기서 기

막힌 반전이 다시 일어난다. 잘 먹고 잘 살았을 것으로 기대되는 개미는 허리 디스크에 걸려 병원비로 재산을 탕진하고 결국 빈털터리가 된다는 것이다.

'베짱이가 될 테냐?'

온통 부정적인 뉘앙스로 사람들에게 경각심을 불러일으키던 것이 베짱이다. 세상을 살아가는 방식이 다양화됨에 따라 노는 것과 일하는 것 사이의 경계가 모호해지는 경우가 잦다. 그럼에도 불구하고 베짱이의 반전은 이 순간에도 끊임없이 확대 재생산되고 있을 것이다. 참으로 다행스런 것은, 그 속에 공히 배가 고프거나 얼어 죽는 베짱이는 없다는 사실이다.

이곳, 거우내鏡川 마을에도 자타가 공인하는 베짱이 한 쌍이 살고 있으니, 바로 우리 부부다. 처음부터 베짱이를 의도한 것은 추호도 아니었다. 새벽부터 저녁까지 뿌연 흙먼지를 덮어쓰고 열심히 일을 하는, 개미 중에 개미들이 포진해 있는 곳에 터전을 잡았다는 사실이 문제의 발단이었다.

아이들의 뒷바라지라는 의무감에서 해방되고, 이러저러한 상황까지 일조를 해 준 덕분에 시골행을 감행했다. 미련 없이 털고 훌쩍 떠났다가, 자신감 저하로 되돌아왔다가, 하루에도 열두 번씩 생각의 기와집을 지었다 허문 끝에 실행한 일이었다. 경제적 여유와는 상관없이, 복잡다단, 시끌벅적, 숨 쉴 틈 없는 도시의 시스템에서 한 발짝 내려서자는 비장한 시도였다. '삶의 파란에 부대끼며 최선으로 살아냈으니 조금은 느슨해질 권리를 찾자'는 것이 귀촌의 모토였다 할까.

 자그마한 시골마을에 아담한 주택을 마련했다. 우리가 베짱이로 전락을 하는데 가장 큰 이바지를 한 것이 바로 집이다. 누군가가 전원생활을 염두에 두고 지었다는 주택은 연식이 짧기도 하거니와, 마을 들머리에 서면 제일 먼저 눈에 들어온다. 몇 가구 되지 않는 곳이기는 하지만, 지리적으로 마을의 정중앙이자, 출입의 관문이 되는 위치다. 먼 농로로 에두르지 않는 한, 누구라도 우리 대문 앞을 거쳐 갈 수밖에 없다. 마을이 한눈에 들어오고 자연스레 사람들의 일상을 웬만큼은 펠 수 있다는 이점과, 내 일상이 낱낱이 공개되기도 한다는 맹점을 더불어 지닌 집이다. 게다가 스물 네 시간 대문을 개방하다보니 정거장 같은 곳이 되어버렸다. 덕분에 사람들과의 동화가 빠르고 쉬웠던 반면 도시에서 당연하게 존중받던 사생활이 더러, 아니, 아주 많이 훼손되기도 한다.

 우리가 파악할 수 있는 것은 겨우, '반장네가 마늘을 캐는구나.' '덕산 할머니께서 고추밭에 나오셨네.' '이장님은 또 읍내행인가 보다.' 정도, 누구나에게 공유되어지는 것들이다. 그러나 공정하지 못하게도, 마음만 먹으면 사방에서 현미경을 들이 댄 듯 우리 부부의 일거수일투족을 읽어낼 수 있으니 일보다 휴식이 더 많은 우리의 일상은 결코 그들 개미의 바쁘고 부지런한 하루와 비견될 수가 없었다.

 이모작 논은 사람들을 잠시도 내버려 두지 않았다. 모름지기 농사란 때를 지켜 이루어지는 작업이었다. 24시간 가동되는 기계처럼, 남녀노소, 그 때를 놓치지 않기 위해 동분서주하는 것이 일상인 사람들이 이곳의 터주들이다.

　주말도, 휴가도 꼭꼭 찾아먹어야 하는 도시의 습성이 짙게 밴 우리와, 하늘과 땅이 허락하는 날이 쉬는 날인 그들. 딱히 하는 일이 없으면서도 휴일이면 쉬어야 한다고 믿는 우리 보란 듯이 그들은 트랙터로 묵은 논밭을 갈아엎었다. 마늘과 양파를 심고 거두고, 다시 모내기를 하고…. 도무지 그들에게 '쉴 휴休'의 느긋한 날은 있을 법하지 않았다. 수많은 내일을 두고도 그들은 오늘이라는 시간에 배수진을 쳤다. 오늘 해야 할 일은 야광 작업등을 밝히고서라도 기어코 해치우는 것이었다. 겨우 누리는 여유가 틈새휴식 정도였다. 일 중 짬짬이 수다를 떨고, 차를 마시고, 시원한 맥주까지 들이켜며 그것을 쉼이라 칭했다.

　집보다 논과 밭에 머무는 시간이 훨씬 많은 사람들은 우리의 게으름을 각성하게 만들었다. 나름 종일을 분주하게 보내는데도 늘 빈둥거리는 듯한 줏대 없는 피해의식이 '자칭 베짱이'를 탄생시켰는지도 모른다. 결정적으로, 농 삼아 우리집을 베짱이집이라고 너스레를 떨었던 어느 날, 그렇지 않다고 말해주는 사람이 아무도 없었다는 것이다. 결국 자타의 공인이 현실이 된 셈이었다.

　두둑한 뱃심이라도 있었으면 마냥 행복한 베짱이 일 수 있을 터이건만, 개미들의 고군분투에 괜히 눈치를 보게 된다. 그들은 하나같이 일하지 않는 자 유죄라고 무언으로 외치는 듯하다. 괜스레 이것도 건드리고 저것도 매만지게 된다. 코딱지만한 텃밭에다 요모조모 조각보처럼 작물을 심어보지만 개미들처럼 전투적인 마인드는 엄감생심이다. 어차피 내 팔 내가 흔들며 사는 세상인데 왜 이리 전전긍긍하는가 싶기도 하지만, 고작 그들의 눈이 닿지 않는 사각지대를 찾아 엉덩이를 걸치는 것이 휴식이니.

지난 가을, 개미들을 흉내 내며 마늘도, 양파도 심었다. 덕분에 올 봄은 그들의 건사만으로도 버거웠다. 눈 뜨면 달려가 그들의 안위를 챙기고 잡초라는 끊임없는 훼방꾼들과 사투를 벌이다보니 꽃 피고 새우는 봄이 다 가고 있다.

오늘은 마늘밭 옆구리에다 허리가 뻐근하도록 고추 모종을 꽂았다. 은근슬쩍 개미인 척, 가뭄에 속을 태우고 장마에 동동거리게 될 것이다. 마음 편히 놀고먹을 만큼 배짱이 없는 베짱이 주제라 나날이 적어가는 귀촌일기는 고단함으로 채색된다. 그러나 고단함이 주는 묘한 쾌감은 중독성이 있는 것이라서, 내 손에서 각색되어지는 우화는 일하는 베짱이가 되지 않을까 싶다. (2019.6)

둔테

 현관문을 열자 희부윰한 빛의 기둥이 사선으로 내리꽂힌다. 빛을 따라 미세한 먼지들이 부유하는 현관은 깊디깊은 물속 같다. 한 짐, 물의 체적을 짊어진 채 발 벗은 고요가 고양이처럼 웅크리고 있다. 어느덧 4년, 아버지의 부재가 만들어 놓은 어머니의 풍경이다.

 납작한 슬리퍼 한 켤레가 어둑신한 적막을 괴고 있다. 반듯한 바둑판무늬 타일과 뒤축 닳은 고동색 슬리퍼는 디지털과 아날로그처럼 겉돌지만, 그 생뚱맞은 부조화는 묘하게도 조화롭다. 하긴, 익숙지 않은 것을 익숙하게 만드는 것이 시간의 마법일 테니.

 아무렇게 신었다가 아무렇게 벗어둔 슬리퍼가 어머니의 설치미술품 같다. 양兩 발이 만들어놓은 삐딱한 예각은 절대 홀로의 시간을 표방한다. 이처럼, 언젠가부터 당신의 일상 속에는 세월이라든지, 고독의 흔적이 자주 마킹된다. 그것이 발견되는 장소도 횟수도 점점 늘어간다. 추측하건데 낡고 닳은 육신과, 이따금 실마리를 놓쳐버리는 정신의 합작품일 게다. 그것들이 자식에게 들키고 싶은 외로움으로 읽힌다면 어머니의 의도하지 않았을지 모르는 의도는 다분히 성공적이라 할 만하다.

신발 두 짝의 힘은 극히 미미한 것이라서 썰렁한 현관에 온기를 지피지는 못한다. 앙증맞은 발을 이끌고 발도장을 콩콩거리던 신발들은 시나브로 품을 키워 제 갈 길로 바쁜지 오래다. 나란히 코를 맞추며 함께 늙어가던 아버지의 마지막 신발마저 이제는 없으니 당신께 부려진 고적 한 채의 그늘이 냉기를 배가시키는지도 모른다.

속없는 하회탈처럼 만면에 웃음기를 묻히고 다니던 아버지는 무시로 예스맨이셨다. 더러 마음에 들지 않는 구석이 생길지라도 드러내놓고 자신을 주장하지 않으셨다. 회초리를 들거나 호통을 내리는 일 같은 것도 아버지의 사전에는 없었다. 탁구공처럼 두서없이 설레발을 치는 다섯 자식을 통제하기 위해서 누군가 나서야 했다면 그것은 당연 어머니의 몫이었다. 그렇게 당신께서는, 조금은 유약해 보이는 아버지를 보강하셨다.

기억에는 없지만, 문간방의 설움을 오기 삼아 세 들었던 집을 사들인 것도 어머니의 뚝심이 해치운 일이었을 것이다. 불쑥 저질러 놓은 터 넓은 '내 집 한 채'는 얼마나 오래 당신의 얄팍한 지갑을 갉아먹었을 것인가. 철딱서니 없던 시절, 알사탕 값이라도 얻을 욕심에 찾아갔던 허름한 솜공장에서 뿌연 먼지를 뒤집어쓴 어머니를 발견하곤 말없이 돌아섰던 기억도 그와 무관치 않았을 것 같다. 부뚜

막의 터줏대감이던 절미함도, 밤낮없이 달그락거리던 비단홀치기 기계도 당신이 떨어야 했던 억척을 시연하는 것들이었다.

경제활동의 주체는 아버지였으나 우리가 거머쥐는 돈의 발원지는 늘 어머니였다. 크든 작든 내가 원하는 바를 이루기 위해 먼저 넘어야 하는 산이 당신이라는 뜻이었다. 부모의 역할에 총량이 있다면 어머니의 지분이 훨씬 막대해 보였다. 그러나 결정적인 순간, 당신은 빈손을 탈탈 털어 보이셨다. '아버지께 허락을 얻어라.' 자식에 대한 전권은 아버지에게 있음을 선언하는 것으로 자칫 헐렁해지기 쉬운 가장의 위상을 단단히 붙들어 매는 것이었다.

여든 문턱에서, 아버지가 뇌졸중으로 쓰러지셨다. 말과 행동이 어눌해지고 기억력과 사고력이 감퇴된 것은 그 후유증이었다. 힘겹게 사선을 넘어오신 것을 생각하면 그런 것쯤은 천번만번 감수를 해야 한다고 자식들은 입을 모았다.

"정신 단디 챙기소."

어머니는 무시로 구어박는 소리를 하셨다. 그럴 때마다 아버지는 꾸지람 듣는 아이처럼 말꼬리를 감추셨다. 매사 꼼꼼하고 반듯하시던 아버지를 환기시키는 처방이라는 것을 모르지는 않았으나 나는 그런 당신이 마뜩찮았다. 그렇다 해서 드러내놓고 타박할 수도 없는 노릇이었다. 위태하게 서로를 버티고 계시는 부모님의 풍경을 남겨두고 돌아설 때마다 울대가 얼얼해지도록 눈물바람을 삼켜야 했다.

그때는 어머니의 속내까지 헤아리지 못했다. 우리는 약자의 편일 수밖에 없었고 몸도 마음도 부자유하신 아버지는 분명 약자였으니까. 주말마다 오가는 자식들이 있다한들 당신께는 하루하루가 얼마나 힘에 부쳤을지 이제야 가늠하게 된다.

얼마 전 근처의 박물관에서 '둔테'라는 것을 보았다. 장정 한 뼘 남짓한 길이의 나무토막에 사각의 홈이 패여 있었다. 뭉툭한 구형 수화기 같은, 그것은 빗장을 거는 용도로 쓰이던 물건이라고 했다.

말년의 아버지께 어머니야말로 둔테였다. 몇 차례 입,퇴원을 반복하는 동안 당신은 내내 병실에서 침식을 이어가셨다. 자식의 입장에서는 참으로 송구한 일이었으나 뜻을 꺾을 수는 없었다. 고통과 불안으로 점철되는 백색의 공간에서나마 당신의 보좌가 있어야 아버지께서 조금은 덜 고단하실 거라 생각하시는 것 같았다. 아버지 역시 매순간 세상 가장 익숙하고 편안한 둔테로서의 어머니를 곁에 두지 않고서는 흔들리는 눈빛을 잠재우지 못하셨다.

아버지께서 떠나신 후 당신은 한동안 문밖출입을 하지 않으셨다. 급작스런 별리를 감당하느라 담장 높은 집을 짓고 우물처럼 깊고 어두운 시공 속으로 갈앉으셨다. '당최 낯이 부셔서'. 이유는 간명했다. 끝내 아버지를 붙잡지 못한 것이 부끄러워 세상에 얼굴을 내놓을 수 없다는 것이었다. 오이지처럼 꼬들꼬들 물기를 잃어가던 당신은 의학의 손을 빌리고서야 서서히 칩거를 해제하셨다.

쇼윈도 속에서 까마득한 옛날을 고증하던 둔테처럼, 요즘 어머니는 멀뚱하게 하루를 보내신다. 누웠다 일어났다, 종일 사각의 TV 화면에 붙박여 계신다. 적막 속에 삐딱하게 걸려 바람도 아니 부는 고요 공간을 홀로 삐걱이고 계실 어머니. 오늘은 허옇게 늙어가는 딸이 어머니의 둔테에 빗장처럼 얹히고 싶다.

 거실에서 인기척이 느껴진다. 구부정한 어머니의 실루엣이 간유리 너머로 천천히 어른거린다. 간만에 들르는 자식에게 괜찮음을 전시하기 위해 나름 허리를 곧추 세우셨으련만 이미 당신의 기울기는 사정없이 무너지고 있다. 먹먹함을 눌러 삼킨 채, 골 깊은 주름을 환하게 펼치고 계실 어머니를 마중한다. (2022.3)

불목지기

　귀촌 3년 차, 내가 아직 극복을 하지 못하는 것이 불이다. 윗집 형님뻘 아낙은 나보다 늦게 입문을 했는데도 아침이면 능숙하게 불을 지핀다. 가마솥 앞에서 불땀을 다독이는 그녀를 보면 다부지게 시골 적응 완료를 외치는 것 같다. 뜨거운 봉수烽燧로 자신의 좌표를 고하는가 싶어 부러운 마음까지 든다.

　'그냥 피우면 되는데….' 그녀는 싱거운 훈수로 나를 응원한다. 그러나 말처럼 쉽지가 않다. 가뭄에 콩 나듯 성공의 쾌거를 올릴 때도 있기는 하다. 그러나 십중팔구는 쏘시개만 잔뜩 태우는 선에서 그치고 만다. 언젠가는 쉬운 길로 가겠다며 헌 책 몇 권을 땔감 삼았더니 불싸라기가 장난이 아니었다. 결국은 된서리를 맞은 배추마냥 허연 재를 있는 대로 뒤집어쓰는 몰골을 연출하고 말았다.

　"불 때는 게 쉬운 일이 아니야."

남편은 종종 불로 위세를 부린다. 결코 양보할 수 없다는 듯 내가 불을 시도하는 기척이라도 보이면 냉큼 선수를 치고 나선다. 불길이 사그라지거나 거꾸로 불어 나와도 불목을 추스르는 일은 내게 맡기지 않는다. 내 손이 가면 큰일이라도 날 것처럼 부집게를 낚아챈다. 어려우니 안 하게 되고, 안하다보니 요령이 늘지 않는 악순환의 고리는 순전히 남편 작품이다.

남편은 일 없이도 아궁이 앞에 앉기를 자주 한다. 눈을 뜨면 습관처럼 불을 지펴 을씨년스러운 겨울 풍경부터 덥힌다. 나무를 해다 쟁이고 솔가리를 걷어오는 노동이 뒤따라야 하는데도 불 때는 남자를 포기하지 않는다. 쓸데없이 땔감을 낭비하느냐고 지청구를 놓지만, 실상 나도 불맛이 여간 쏠쏠한 게 아니긴 하다.

곁불이라도 얻어 쬐려면 남편의 일장 연설을 감수해야 한다. 먼저 아궁이의 재를 퍼낸 뒤 서로 엇갈리게 장작을 쌓아야 하는데, 바람의 길목을 마련해주기 위해서란다. 그때 바짝 마른 대나무 한 토막을 밑장에 까는 것이 신의 한 수라나. 거기다 참나무 낙엽이 적당히 섞인 솔가리 두어 줌이면 실패하려야 실패를 할 수가 없는 조합이란다. 실패하려야 실패할 수 없는 조합으로도 실패를 거듭하는 내 손을 도무지 이해할 수 없다는 투다. 그럴 때면 남편의 말하지 않는 말이 훤히 들린다. '무식하게 라이터만 들이댄다고 불이 붙나?'

귀가 놓친 말을 기정사실화 하고나면, 내 안에서 속불이 붙는다. 무식하게 들이대기로 치자면 그도 만만치 않을지니. 공부 밖에 할 줄 몰랐다는, 내가 모르는 그의 유년에서부터 오늘에 이르기까지 답답할 만치 고루한 사람이다. 사람 좋다는 평판에 눌러 앉아 결국 남의 주머니만 채워 준 사업이라는 것도, 느려 터진 보폭을 꼼꼼하다는 단어와 동의어라 우기는 느림의 미학도 분명 재바르고 명료한 판단력과는 거리가 멀다. 머리가 희끗해진 지금도 하루에 몇 번씩 참을 인忍자를 되새기게 만드는 처지에 그깟 불로 무식을 거론하다니. 한바탕 결판지게 소리 없는 대거리를 하고나면 속내를 일렁이던 불길이 시나브로 잡힌다. 그리고 보면 남편은 안팎으로 불을 붙이는데 일가견이 있는 사람, 맞다.

불에 관한한, 남편이 나보다는 고수라 인정할 수밖에 없겠다. 대저 불의 길이라는 것이 종잡을 수 없는 법이라서, 사는 동안 예상치 못하게 발바닥이 뜨거웠던 적이 종종 있어왔다. 돈이든, 사람이든, 돈과 사람이 합세한 것이었든, 그때마다 불을 상대하는 일은 가장의 의무였다. 퇴로를 차단당한 장수처럼 죽기 살기로 불을 눌러 끄거나 일으켜야하는 고충도 당연히 그의 몫이었다. 내가 달달한 불명의 시간만을 기억하는 동안 남편은 온몸으로 불의 이력을 쌓아왔던 셈이다. 더러 그가 불 앞에서 부리는 기세등등이 눈꼴사납다 해도 그간의 공로를 인정하는 의미에서 퉁칠 수밖에 없겠다. 솔직해지자면, 불 못 때는 여자에게 편한 구석이 훨씬 많겠다는 계산으로 땔감에서부터 아궁이 청소까지 불의 전권을 남편에게 넘겨주었다고 할까.

덕분에 나는 불을 누리기만 하면 된다. 때때로 매캐한 연기 때문에 눈물을 찍어내지만, 그마저도 금세 해결이 된다. 적당한 자리에 엉덩이를 걸치고 나면 아무리 바쁘고 골치 아픈 일이 산재했더라도 망중한, 그 헐렁한 방점에 초를 치지 않는 것이 불에 대한 예의다.

 훨훨, 불의 사위는 자유 그대로의 자유라서 보고 있자면 몸이 덩달아 가벼워진다. 오래전 돋보기로 햇빛을 그러모으던 자연시간처럼, 내 안의 나도 불로 초점이 맞춰지는 듯하다. 내 몸 어느 구석에도 발화점이 있었던 것인지, 뜨거운 불의 체온이 나를 움켜쥔다. 젖은 수건처럼, 축축한 물기를 내어주고 고슬고슬 나를 말리는 일이 불 앞에서 가능하다.

 그것이 힐링이라면 불은 분명 힐링이다. 얼기설기 걸쳐 놓은 나무 사이를 뜨겁게 핥는 불의 혀는 두 발이 가닿을 수 없는 나른한 몽환의 어떤 경지로 나를 데려다 준다. 오만 잡념이 물러가고, 잡념에 휘둘렸던 기억마저 사라진다. 불의 언어가 온몸을 휘어감을 때까지, 그저 '멍', 얼이 빠진 몰골로 아무것도 하지 않는 것이 내가 해야 할 일이다. 산이 있어 산에 간다는 싱거운 이유처럼, 불이 있어 불을 보는 단순무치만이 불 앞을 뭉개는 태도랄까. 우연히라도 내 안의 황량한 공백을 만나게 된다면 그것은 불이 주는 덤이다. 이미 수차례 불의 마법을 경험해본 까닭에, 불멍을 즐기기 위해 차박을 떠난다는 믿을 수 없는 말에도 토를 달지 않게 되었다.

 남편은 수시로 장작을 추슬러가며 불의 길을 다독인다. 남편 앞에서는 불이 오만하거나 좌절하지 않는다. 제 노릇을 끝낸 불로 하여금 수더분하게 붉은 장막을 내리게 만드는 것도 남편의 손에서만 안전하다. 무식한 여자로 전락을 할지언정, 불이 스스로를 펼치거나 거둬들이는 사통팔달의 요충지, 남편의 불목에 욕심을 내지 않는 이유다.

어머니는 얼른 불부터 지피라 재촉을 연발하신다. 육수를 우리고 풀죽을 쑤어 김장 양념을 버무리려면 두어 번은 가마솥을 달구어야 할 터인데 오늘 따라 남편의 행방이 묘연하다. 간다한들 고작 몇 가구, 동네 안을 어슬렁거리고 있겠지만 적재적소에 나타나주지 않는 남편이 내 안의 심지를 돋운다. 그러나 깐깐하고 차가운 인상의 내가 동네 사람들과 푼더분하게 어우러질 수 있는 것도 따지고 보면 이러저러 밑작업을 해주는 남편의 공이 아니랴.

불편한 마음을 가셔내고 장작을 챙긴다. 서당개 삼 년의 풍월로 입 큰 아궁이를 요모조모 채워 넣는다. 그런들 내 손이 영 못 미더운 듯, 풀기 빠진 햇살 한 줌이 대문 밖으로 길게 목을 늘인다. 저기, 우리 집 불목지기도 느적느적 고샅을 밟고 돌아온다. (2020.12)

움직이는 등대

 한 마리 방게처럼, 섬은 두 개의 방파제를 바다로 뻗은 채 납작 엎드려 있다. 여기까지가 바다며 여기서부터 섬이라고, 방파제 끝자락에 발을 묻은 하얀 등대와 빨간 등대. 그들, 희고 붉은 섬지기들은 들고나는 이를 향해 까칠한 잣대를 겨누는 것 같다.
 항구로 들어 올 때 빨간 등대는 왼쪽으로 돌아가라는 표식이란다. 반대로 하얀 등대는 오른쪽으로 에두르라는 의미이고. 그렇다면 등대와 등대 사이야말로 안전지대라는 뜻이다. 말없는 수신호로 길을 안내하는 등대 덕분에 뱃사람들은 격랑의 바다 위에서도 느긋할 수 있었겠다. 삶과 죽음의 푯대와도 같은, 저 꼿꼿한 직립의 언어를 뉘라서 거역할 수 있을 것인가.
 위험의 사각지대를 미끄러져 배가 섬에 다다른다. 사람이든, 물건이든 뒷모습에 감춰둔 반전으로 허를 찌르는 경우가 다반사다.

그러나 선착장에 내려서서 바라본 등대의 뒤태는 표리부동, 반전의 기대감을 가차 없이 날려버린다. 목에 칼이 들어와도 내 말은 이것 뿐이요, 역사극 속 대쪽 같은 선비처럼 침묵으로 자신을 관철한다. 입을 닫아두고도 또렷하게 발설되는 등대의 복화술을 배운다면 세상에 나를 전하기 위해 시끄러운 수다를 동원할 필요가 없겠다.

섬의 랜드마크가 등대라면, 나는 무엇으로 나를 설명할까. 아득한 기억의 끝자락, 사람들은 나를 일러 사진관집 맏딸이라 불렀다. 그리고 50년이 지난 지금도 그것은 유효하다. 남을 찍는 일로 평생을 사셨던 아버지께서 내 평생의 정체성을 지문처럼 선명하게 남겨주셨던 셈이다.

돌아보면, 당신께서는 얼마나 형형한 눈빛과 다정한 언어로 나를 이끄셨던가. 한 걸음이 두 걸음이 되고, 병아리마냥 앙증맞은 두 발로 쪼작쪼작 대지를 쪼기 시작할 무렵부터 길의 끝에는 늘 아버지가 계셨다. 너부데데한 당신의 손에 내 손을 맡긴 채 웅덩이를 건너고 개울을 건너고 강도 건넜다. '가시나를 뭐하러?' 아들만이 대세던 시절, 주위의 지청구를 물리치며 대학이라는 큰 물 위에 나를 띄우신 것도 아버지였다. 가방끈이라는 암초에 발목 잡히는 일이 있어서는 안 된다며 남존여비의 장애물을 멀찍이 치워주셨다.

등 뒤에 아버지를 세워놓은 채, 나는 내일이라는 미지의 시간을 향해 노를 저었다. 언제나 그 자리에 그 모습으로, 그것이 등대의 소명일 터였다. 풍랑에 떠밀리고, 안개에 가려져 제 할 바를 놓친다면 누가 등대를 등대라 하겠는가. 바다를 헤치고나가야 하는 이들에게 등대의 신의는 결코 깨어질 수 없는 약속이어야 한다. 그렇게 아버지의 자리를 해석하며 당신께 조금씩 소홀해지는 나를 변명했지 싶다.

언제부터였을까. 무시로 홍등을 밝히며 샅샅이 나를 들추는 등대의 헌신이 거추장스럽기 시작했다. 등대로서의 아버지를 부정하는 것이 성장이라고 우기며 삐딱선을 탔던 적도 없지 않다. 당신의 자상한 눈길이 나를 그만 놓아주기를 바라며, 보아도 보이지 않고, 들어도 들리지 않는 척 아버지를 배제했다. 그것이 당신을 얼마나 외롭게 만들었는지, 그때는 알지 못했다.

대가를 치르듯, 나는 세상이라는 난바다에서 수없이 좌초되었다. 낯 뜨거운 오류도, 난파일로의 순간도 부지기수였다. 그러나 젖은 생채기를 끌어안고서도 아버지를 향해 도움을 청하지 않았다. 그것이 무엇이든 내 길은 내가 찾겠노라는 치기로 똘똘 뭉쳐있던 시기였다. 내 손을 남편에게 넘겨주던 날, 나를 향한 아버지의 조도가 한풀쯤 꺾여버린 것은 당연한 수순이었을 게다.

요즘 들어 아버지께서 자주 오보誤報를 흘리신다. 당신을 믿거니 하다보면 어느새 너덜겅이거나 푸서릿길이다. 모난 돌덩이에 정강이를 찧거나 가시투성이 덩굴손에 살갗을 베는 때가 많다. 집채만 한 파도 속에 나를 던져 놓고 정작 당신은 '네가 왜 거기에 있느냐.'며 의아한 눈빛을 보내시기도 한다. 덕분에, 집과 일터, 그리고 병원이라는 삼각의 구도 속에서 좌충우돌, 헛발질투성이다.

육신과 정신이 삶을 이끄는 등대라면, 그 즈음 아버지는 둘 중 하나에 탈이 나셨던 것 같다. 이유도 없이 풀썩 넘어지고 여기저기 생채기를 만드셨다. 누구나 한두 번쯤은 이유 없이도 넘어질 수 있는 일이라며, 우리는 조심하시라는 성의 없는 처방만 안겨드렸다.

정신이 보내는 경고를 허투루 넘겼던 탓에 아버지의 육신은 만신창이가 되었다. 팔순을 목전에 두고 뇌수술이라는 극약처방까지 받아야 했다. 그 후 아버지의 많은 것이 변했다. 위험을 고지하는 등대는커녕 당신 스스로 위험한 존재가 되고 있다고 느끼시는 듯하다. 그렇잖아도 말수가 적은 분이었지만, 코흘리개 아이처럼 매사 말간 표정으로 자식들의 처분만 기다리신다. 외식을 하자고 하면 주섬주섬 옷을 챙기고, 메뉴를 여쭈면 '아무거나'로 결정권을 미루신다. 맛이 있어도 맛있게 드시고 맛이 없어도 맛있는 듯 드신다.

그런 당신을 마주할 때마다 컴컴한 수렁에 발을 담근 기분이었다. 어둠을 표류하는 한 척의 조각배처럼 매순간이 두려웠다. 길이란 길은 모두 허방이라서 어디를 밟아도 빠져나오지 못할 것만 같았다. 하룻밤의 일정으로 낯선 섬에 든 것도 아버지가 없는 풍경 속에서 내 안의 아버지를 추스르기 위해서였는지 모른다.

높지막한 언덕배기에서 예약한 숙소를 찾았다. 무엇보다도 마음에 드는 것은 바다가 액자처럼 내걸리는 쪽창이다. 하루살이의 사체가 풍장 되어 가는 창틀에 기대어 서면 등대가 있는 선착장이 한눈에 들어온다. 마치 소리를 죽인 화면처럼, 정靜 중의 끊임없는 동動. 두 개의 등대가 열어주는 길을 따라 크고 작은 배들이 들고나는 항구의 풍경에 넋을 부려놓게 된다.

사방이 어스름해지자 등대는 낮의 함구를 해제한다. 깜빡깜빡. 넘실거리는 수면 위로 도장처럼 확연하게 찍히는 불립문자. 바다를 저어가는 이들에게 희망의 증표가 되고도 남을 만큼 등대가 쏘아내는 언어는 밝고도 명징하다.

길이 비록 멀고 험하다 할지라도 등대처럼 따뜻한 길잡이를 곁에 둔다면 삶이 덜 팍팍할 게다. 등대로서의 본분을 너무 자주 망각해 버리는 아버지께 정작 필요한 것은 당신을 깜빡거려줄 또 다른 등대가 아니었을까. 이제는 당신에게서 등대라는 오래되고 무거운 소명을 물려받아야 하는가보다.

촤르르. 주름진 물살이 한 꺼풀씩 바다를 벗겨낸다. 세월이라는 시간의 바다에서는 등대도 움직이는 게 순리라며, 잠 먼 시름을 다독이고 간다. (2016.6)

괜찮다, 괜찮지 않다

아버지는 늘 괜찮다는 말씀을 입에 달고 사셨다. 아파도 괜찮다, 힘들어도 괜찮다, 한쪽 귀가 들리지 않아도 괜찮다…. 거친 먼지를 뒤집어쓰며 식어 빠진 도시락으로 허기를 채우셨으면서도 괜찮기만 한 표정으로 대문을 들어서시던 당신. 선심 쓰듯 닭 모가지에다, 홀랑 벗긴 껍질만 건네 드려도 쾌히 괜찮았고, 저 잘난 척 나대는 독불장군 자식들의 위세 앞에서도 말없이 괜찮았던 아버지께 전혀 괜찮지 않은 날들이 더 많았다는 사실을 이제야 깨닫게 된다. 그때는 당신의 입술 속에 꽁꽁 저며 둔 말이 있었으리라고는 생각지도 못했다. 두 귀도, 귀의 주인인 나도 철딱서니를 챙기는데 참으로 오랜 시간이 걸린 셈이다.

아이들을 대처에 두고 산 지 꽤 오래 되었다. 언젠가부터 청춘들의 굳건한 유토피아가 된 서울. 서울이라는 단어가 가지는 상징적인 의미에 편승을 한 것인지, 아이들은 주저 없이 그곳에 인생의 좌표를 찍었다. 고교를 졸업한 딸아이가 서울로 진학을 하자 수순을 밟듯 아들 녀석도 탈脫 부모품을 선언했다. 그 배후에도 서울이 있있다.

　물리적 거리와 상관없이 서울의 체감거리는 아득하기만 했다. 희부연 연기를 토해내며 식어가는 분화구처럼 내 안에 우울한 공동空洞 하나가 움푹 생겨났던 것 같기도 하다. 그네들의 인생은 그네들의 것이므로, 괜찮지 않았지만 괜찮은 척 녀석들을 응원할 수밖에 없었다. 이 빠진 질그릇처럼 휑하게 비어버린 녀석들의 자리를 견디며 대리만족이라는 네 글자 단어의 힘을 빌려서라도 괜찮기로 했다. 나 역시 청춘의 한때 서울 사람이 될 뻔 했던 이력이 있는 터라 내가 가지 못한 길에 대한 보상이라고 녀석들의 이소에 그럴듯한 명분을 달았다.

　해방감이 없었다면 거짓말이다. 세상에 내어놓은 죄로 하나에서 열까지 무한 치다꺼리가 요구되던 녀석들이었다. 뿐인가. 자아라든지 정체성이라는 자기주장이 강해지면서 더러 티격태격 부딪혀 내상을 입는 경우도 생겨났다. 자고이래로 부모라는 존재는 자식에 관한한 변치 않는 약자이므로 나 역시 자식 이기는 부모가 되지는 못했던 것 같다. 지금에서야 녀석들과의 소소한 불협화음조차 즐거운 비명의 근간이었음을 생각하지만, 가끔은 훌훌 가벼워지고 싶기도 하던 때였다.

　'어쩌지? 어쩌지?' 늘 좌불안석이었다. 상상이란 늘 현실을 뛰어

넘는 속성을 지녔으므로, 내가 알지 못하는 녀석들의 서울 정착기를 논하라면 시작도 끝도 죄 불안화법으로 점철이 될 터였다. 실상은 내 염려가 지나친 노파심에 불과했던 적이 더 많았는지도 모르지만.

외로움은 차치하고서라도, 양말 한 번 빨아 신지 않았던 아이들이 먹고 입고 자는 일을 스스로 해결해야 하는 현실이 얼마나 각다분하랴 싶었다. 닥치면 하게 되는 적응력을 운운하면서도 남모르게 좌충우돌의 시간을 보내고 있을 아이들 생각에 헛기운만 뺐다. 겉으론 홀가분하다고 외치면서도 전혀 괜찮을 수 없는 날들이었다.

무시로 SOS가 날아 들었다. 이건 이리하면 되고, 저건 저리하면 되고…, 수화기를 타고 난망한 사건들이 흘러들 때마다 원격의 지휘봉으로 해결사 노릇을 했다. 둘 중 하나의 이름이 액정에 뜰 때면 가슴부터 덜컥 내려앉을 정도였다. 아이러니 하게도, 녀석들이 괜찮지 않음을 고하는 목소리는 그들의 무탈함을 확인하는 통로가 되어주었다. 그래서 괜찮았다.

학부를 마치고 저마다의 길로 들어 선 이이들은 침묵으로 바쁨을 표시한다. 괜찮지 않았던 아이들이 점점 괜찮음의 태평성대로 진입하고 있다는 의미일 게다. 조난의 신호가 날아드는 횟수는 현격하게 줄어들었다. 전화도 메시지도 가뭄에 콩 나듯 한다. 무소식이 희소식이려니. 녀석들이 제 할 바에 허둥거리지 않는다는 사실에 안도를 하면서도, 이제 정말로 괜찮아야할 내가 여전히 괜찮지 않은 것은 무슨 조화인지.

어제는 아침부터 부산했다. 갓 담근 김장김치를 꺼내고, 갖가지 밑반찬을 준비했다. 볶고, 굽고, 조리고, 저마다의 식성을 되새기며 요모조모 챙겨 넣었다. 먼 길 가는 와중에 행여 문제라도 생길까봐 이중삼중의 포장까지 성성으로 마쳤다.

코로나 때문에 어쩔 수 없이 집밥을 먹어야 하는 경우가 늘어나자 간만에 구원투수를 청한 녀석들에게 날아갈 것들이었다. 외식에, 배달앱을 이용한 주문음식만으로도 부족함이 없다며 굳이 내 손을 사양하던 녀석들이다. 거리두기가 상향 조정되자 그마저 여의치 못한 경우가 자주 생기는 모양이었다. 덕분에 어미노릇을 되살리자니, 이것도 넣을까, 저것도 잘 먹는데…, 남편과 나는 손보다 마음이 더 부산했다. 해달라고 하는 게 어디냐고, 서로를 부추겨가며 해줄 수 있는 기쁨을 만끽했다. 괜찮지 않은 녀석들과 달리 우리는 정말 괜찮은 아침이었다. 그동안의 괜찮지 않음이 모두 상쇄되는 듯 손에 날개를 달게 되는, 그것이 자식이라는 존재의 위력인가 보았다.

다섯 자식과 부대끼느라 아버지 또한 수없이 괜찮지 않음의 시간을 건너오셨을 것이다. 괜찮다는 말씀을 액면 그대로의 괜찮음으로만 인지하는 세상 모든 자식들처럼 당신을 대충으로 통독하고 말았던 결과 우리 아버지는 늘 괜찮은 분이셨지만. 머리가 희끗해지고 그때의 아버지 즈음의 나이가 되고 보니, 말의 함의까지 짚어내는 것이 상대를 제대로 터득하는 길이라는 생각이 든다.

퇴근한 아들에게서 메시지가 날아든다. 엄마표 반찬을 차려놓고 보니 황제의 밥상이 따로 없다며 사진까지 찍어 보냈다. 최상급의 찬사다. 내심 녀석의 행간을 더듬어 본다. 분명 이 순간만은 괜찮다는 말 같다. 그러나 고작 소박한 찬 몇 가지를 받아들고 황감해하는 녀석이 나는 또 괜찮지 않다. (2020.12)

그러구러 아홉의 끝자락, 나는 다시 고요를 되찾았다. 느긋하게 아홉을 반추할 여유도 생긴다. 아홉의 시험대를 통과했으니 당분간은 가닥가닥 곧추 세웠던 촉수를 느슨하게 눕혀도 좋을 거라며 며칠 남지 않은 올해를 안도하는 중이랄까.

4부
여섯번째 아홉

활착

"반그늘에 한 이틀 묵히서 심가라."

배추모종이 도착하자 윗집 할머니의 지령이 떨어졌다. 양지면 양지고, 음지면 음지지, 반그늘은 뭐람. 설마하니. 포트를 반으로 갈라 절반은 직사광 아래에 두고 나머지 절반은 그늘받이에 두라는 말씀은 아닐 테고. 시작부터 난감한 나와 달리 할머니는 명쾌하게 돌아서셨다. 모국어라는 단일 언어를 사용하는 이 좁은 땅덩어리에서 언어장벽에 발목이 잡힐 줄이야.

반평생을 의탁했던 도시를 떠나왔다. 고작 한 시간 남짓이면 닿아지는 곳을 두고 탈脫 도시를 운운하기가 낯간지럽기는 하지만, 체감되어지는 거리는 물리적인 거리를 훨씬 웃돌았다. 아는 만큼 보이고, 보는 만큼 느낀다는 말이 거짓이 아니라면 그 둘 모두가 시원찮았던 나는 시골이라는 생소한 땅에 갓 삶의 보따리를 푼 신생아라 해도 과언이 아니었다.

 예순을 바라보는 나이에 내가 다시 태어나기를 시도한 곳은 나지막한 산자락을 스카프처럼 두른 마을이다. 황금색으로 물들어 가는 나락논이 가을을 재촉하고, 여물어가는 알곡에 입질을 하느라 수백 마리의 새떼들이 우르르 몰려다닌다. 나란하게 담벼락을 나눈 대여섯 채의 작은 농가가 이웃의 전부이다시피 한, 적막하기조차 한 곳. 어느 것 하나도 익숙지 않은 풍경은 젊도 늙도 않은 나이에다 농사라면 까막눈을 면치 못하는 내게 참으로 난감한 환경이 아닐 수 없었다. 한 보따리 짊어지고 온 낭만에 대한 기대치는 어디로 가버렸는지, 눈 떠 마주하는 모든 것들이 당혹스러웠다.

 뿌리를 내려야 한다는 사명감이 밤잠을 설치게 만들었다. 하루에도 대여섯 번씩 눈도장을 찍는 가장 가까운 이웃은 팔순을 이쪽저쪽에 둔 어르신들이며, 다행히 그들은 몇 십 년의 노하우를 가진 농사의 베테랑들이다. 그들, 역전의 노장을 비빌 언덕 삼는다면 코딱지 같은 텃밭에서도 어설프게나마 농군의 흉내를 내게 되지 않을까. 연거푸 희망의 주문을 걸고서야 아침을 맞곤 했다.

 울고 보채는 것으로 만사가 해결될지니. 내게 필요한 것은 신생아 전법이었다. 모르는 것을 모른다고 말하는 것이 모름을 탈출하는 지름길이 아닌가. 휘적휘적 삽짝을 걸어 오르는 할머니를 용감하게 불러 세웠다. '반그늘이 뭔가요?'

 결국 모종은 포트 채 포도넝쿨 아래로 옮겨졌다. 햇볕이 적당히 들어왔다 나갔다 하는 곳이 반그늘이라는 할머니의 가르침에 입각

하여 찾아낸 곳이었다. 내심, 하나에서 열까지 손에 쥐어주어야 알아채는 무식쟁이가 한편으론 재미있고 다른 한편으론 답답하신 모양이었다.

거창한 답을 기대했던 스스로기 조금은 무참했지만, 당분간은 일천한 밑바닥을 들키는 일에 주저 하지 않기로 마음을 다져먹었다. 매초롬하게 도시물로 치장을 하고 있으되 내가 반그늘도 모르는 얼치기라는 것을 얼른 깨우치시기를. 그리하여 부디, 천릿길도 한 걸음부터라며 응원해주시기를 바랄 뿐이었다. 가난한 지식과 가난한 주머니를 눈가림하기 위해 매사 '척'을 앞세우던 일상에서 온통 가난함을 자랑스레 까발려야 한다는 반전이 제법 신선하기도 했다.

이소異所에 대한 감회는 사람이나 식물이나 다르지 않는가 보았다. 모종들은 하늘하늘 옅은 바람기에도 사시처럼 떨어댔다. 안온한 온실살이에 길들여져 있던 목숨들이 거친 바깥세상에서 어찌 살아남을 것인지. 아니, 농사에 관한 한 반거충이도 못되는 내 손이 저들을 지켜낼 수나 있을는지. 어설픈 주인을 만난 죄로 졸지에 내일을 기약할 수 없는 처지가 되어 버린 가련한 존재들에게 신의 가호가 있기를. 내 손으로 김장거리를 장만하겠다는 야심찬 호기 대신 한아름 숙제를 떠안듯 부담백배해지는 마음이었다.

반그늘도 모르지만, 어느새 시골살이로 해를 넘겼다. 로마에 가면 로마법을 따라야 한다고, 전형적인 저녁형 인간이던 나도 동이 트기 전에 눈을 뜨는 것이 일상화 되어간다. 본의 아니게 일찍 일어나는 새가 되기는 했으되, 여전히 너무 빨리 시작되는 아침이 낯설고, 한창 맛있는 수면을 툴툴 털고 일어나는 내 모습은 더 낯설다. 그러고 보니, 먹고 씻고 바르고 집을 나서고, 비몽 중에서도 자동화된 시스템처럼 몸이 알아 절로 바삐 움직이던 도시의 하루들과 작별다운 작별을 고하지 못했다는 생각이 든다. 눈을 뜨면 어딘가로 달려 나가야만 할 것 같고, 집을 나서면 경적소리 요란한 대로가 펼쳐질 것만 같다. '사람 사는 곳이 다 거기서 거기지요. 시골도 살 만합니다.' 이웃집 아재의 너그러운 환영사와 달리 아직은 매사 이질감부터 앞선다. 초면의 낯선 땅을 터전으로 받아들여야 하는 모종들의 처지에서 왠지 모를 동지의식을 느끼게 되는 이유일 것이다.

반그늘을 무사히 통과하여 모종들은 잘 다독여 놓은 땅으로 거처를 옮겼다. 이웃의 거름 창고에서 우분牛糞을 잔뜩 실어다 비옥함을 배가시켰고, 잡초들의 난장을 예방하기 위해 어설프게나마 비닐 멀칭이라는 것도 했으니 생육에 필요한 요소는 얼추 제공을 한 셈이다. 그 모든 과정에 윗집 할머니의 진두지휘가 있었음은 물론이다.

나머지는 저들 모종의 몫. 제 깜냥껏 대지의 자식으로 거듭나기 위한 고군분투만 남은 셈이다. 더 이상 내 것이 아닌 것들에 연연하지 않는 것이 새로운 것에 정을 붙이는 가장 빠른 길일 게다. 모태와도 같은 온실의 기억을 떨쳐내는 것이 먼저라는 말이다. 뙤약볕도 비바람도 그들을 매섭게 조련할 것이고, 먹고 먹히는 약육강식, 그 대자연의 섭리도 삶을 잡도리하지 않을까. 그러나 살아남아야만 한다는 본능에 기대어서라도 그들이 푸르게 곧추설 것이라 믿고 싶다.

"아따, 배추 좋다."

윗집 할머니는 오실 때마다 감탄사 연발이다. 정말 좋은 건지, 아니면, 초보 격려 차원인지는 모르겠다. 그러나 고수께서 좋다고 해주니 내 눈에도 좋아 보인다. 양껏 땅맛을 보았는지, 몸색이 짙어지면서 제법 빳빳이 고개를 치켜드는 모양새가 호기롭기까지 하다. 덩달아 나도 으쓱해진다. 그들의 성공적인 활착이 내 활착의 비로미터라고, 그들의 푸른 생장에 각주脚註를 달아가며 배추고랑에서 시간을 뭉갠다. (2018.10)

굴신

　육체노동은 사람을 단순하게 만든다. 아니, 육신이 곤하면 단순해질 수밖에 없는 모양이다. 요즘 들어 남편은 저녁뉴스도 건너뛰고, 드라마도 생략한 채 수저를 놓는가 싶게 잠자리에 든다. 몸을 뉘기 전 침대머리에서 즐겨 '클릭'거리던 사이버 바둑도 눈꺼풀의 무게는 당해낼 재간이 없는가 보다. 내색은 않지만, '졸다가 불계패'라는 치욕스런 전적 꽤나 쌓아 놨을 법하다.
　잠은 어찌 그리 쉬 드는지. 상머리에서 반주라도 한 잔 걸치는 날이면 눕자마자 세상 떠나가라 코를 골아 댄다. 드르륵, 퓨우, 끙…, 사람의 몸에서 나오는 소리가 얼마나 다이내믹할 수 있는지를 거푸거푸 확인시켜 준다. 잠의 시간이 저리 어수선해서야 제대로 된 숙면이라 할 수 있을지, 염려가 되지 않는 바는 아니다. 그러나 단숨에 곯아떨어져버리니 잠시나마 골치 아픈 세상을 벗었다는 사실만으로도 가장 안락한 휴식 중이라 믿기로 한다.

  덕분에 자정의 문턱을 홀로 지키는 날이 많아졌다. 초저녁에 잠의 나라로 떠나버린 남편이야 어쩔 수 없지만, 윗집도, 아랫집도 죄 깜깜한 소등일색이다. 삽짝 너머 낯선 기척만 느껴지면 컹컹 짖어대던 옆집 견공 가을이마저 낮의 피로를 꿀잠으로 달래는지, 웬만큼 부스럭거려도 기척이 없다.

  육신의 재발견이라 할까. 시골에서 삶을 일구는 사람들에게 육신은 낱낱의 신체기관 이상의 의미를 가진다. 고매함이니 품격이니, 세상은 형이상학의 정신세계를 우위에 둔다. 그러나 형이하학의 육신을 배제하고는 성립할 수 없는 곳이 시골이다. 육신이야말로 삶이라는 제단 위에 바쳐지는 열정이요, 육신이 가진 능력을 속속들이 일으켜 세우는 것이 삶에 대한 최대한의 예우다. 하여, 건강한 육신은 내일을 보장해주는 가장 확실한 약속이라 해도 과언이 아니다. 육신이 고단하지 못한 자, 삶에 소홀한 이로 치부를 받아 마땅한 분위기라 할까.

  기계화나 자동화라는 문구는 종종 문명의 이기를 과대 포장한다. 마치 손이 개입을 하지 않아도 뚝딱 쌀가마가 쟁여지는 듯 노동의 가치를 호도하지만, 천만의 말씀이다. 기계가 논밭을 누비기 위해서는 밑 작업도 마무리 작업도 만만치가 않다. 여전히 사람들은 새벽같이 일어나 저물도록 들녘을 지킨다. 수시로 물꼬를 점검하고, 병충해를 방제하느라 동분서주한다. 그 모든 작업에 육신의 수고가 뒤따라야함은 물론이다.

검게 그을린 피부, 흙때 묻은 손, 후줄근한 작업복이 그들의 일상을 대변한다. 흙투성이로도 아무렇지 않게 수저를 들고, 툴툴 터는 시늉만 하면 실내에 드는 일조차도 웬만큼은 용인이 된다. 지저분함을 탓하기에는 잠시나마 육신을 쉬게 하는 것이 더 절박하다는 것을 인정하기 때문일 게다. 자청해서 그런 분위기 속으로 들어왔으니 남편이나 나 각오한 바가 없지는 않았다.

그럼에도, 참 다행이다. 대저 수컷은 수컷이어야 한다는 얄궂은 고정관념의 혜택을 볼 수 있는 세대라서. 전원의 낭만은 누리고 싶지만, 낭만을 개척하는 일에서는 멀어 있고 싶었던 나는 따뜻한 겨울을 위해 땔감을 쟁이고, 파종의 봄을 위해 삽을 드는 일을 가장의 몫으로 미룬다. 웬만한 남정네 못지않게 일을 해치우는 동네 아낙들을 보면 시늉만으로 따라쟁이 촌부가 되기도 하지만, 그마저도 남편이 만류를 하면 눈치 없이 손을 탈탈 떨고 컴퓨터 앞으로 기어든다. 가정을 지켜야 한다는, 수컷으로서의 사명에 충실한 남편도 때로는 그런 내가 야속할 것이다. 아니 어쩌면, 최소한의 의무방어전만으로도 있는 대로 엄살을 부리는 내게 기대치를 가지느니 직접 해치우는 것이 차라리 속 편할지도 모른다.

내 것이기는 하나, 내 몸 사용법에 서투른 남편은 나날이 고전을 면치 못한다. 손바닥만 하나마 텃밭을 고른 날에는 허리가 아우성을 치고, 톱질을 하고 나면 어깨에서 태클을 걸어온다. 괭이를 잡은 날은 손가락에 물집이 잡히고, 두 말 들이 약통을 맨 날은 등짝에 선명하게 피멍이 앉는다. 육십갑자가 한 바퀴를 돌도록 호시절을 누리던 육신이 여기저기서 반기를 들고 나서는 통에 파스 투혼은 물론이고 하루도 환자 아닌 날이 없을 정도다.

흙 한 삽을 떠도 남보다는 힘들어 하지만, 요령이라는 것이 하루이틀에 생기랴. 일머리 또한 무수한 오류를 통해야만 터득되는 것일 게다. 그렇다고 자존심을 버릴 수는 없는 일이 아닌가. 도시 냄새 폴폴 풍기는 치들이 무엇을 얼마만큼 해내지 보겠다는 듯, 오며가며 미심쩍은 눈빛으로 마당을 기웃거리는 동네 사람들 보란 듯 젖먹던 힘까지 동원한다. 남편의 내력을 속속들이 꿰고 있는 내 눈에는 그의 고충이 훤히 들여다보인다.

시가에서든, 친정에서든, 남편은 일 못하는 사람으로 낙인이 찍혀 있었다. 그럴 때마다 경험치가 없을 뿐, 하자고 들면 못할 게 어디 있겠느냐며 볼멘소리를 늘어놓곤 했다. 그러나 여태 그것을 확인해 볼 기회는 딱히 없었다. 그의 주장대로라면, 드디어 때가 왔다 할까. 흙의 생활권으로 터를 옮긴 이상, 원하든 원치 아니하든, 그가 지녔다는 능력주머니에서 노동이라는 육신의 언어를 끄집어낼 수밖에 없을 것이므로.

할 수 없으리라는 선입견과 할 수 있다는 호언장담의 사이에서 자주 과부하가 걸린다. 머리보다 손발을 앞세우는 일이 아직은 서툴러 웃지 못 할 비화도 적잖이 생겨난다. 얼룩무늬 작업복에 투박한 작업화까지, 치레는 천생일꾼 못지않으나 무늬만 그러한 속사정이 곳곳에서 드러나는 셈이다. 평생 펜대만 굴리던 손도, 활자에나 익숙하던 머릿속도 긴장의 촉수를 곤두세우느라 적잖이 고단했을 터. 온몸에 심어진 피로감의 무게가 어둠을 이용해 남편을 점령해 버리는지도 모른다. 그러나 살면 또 살아지리니. 앉은자리에 합당하게 나긋나긋 굴신屈身하는 법을 터득하는 중이라고, 남편의 요란한 잠을 변명해본다.

  멀리 구박산 정수리로 조각달이 훤하다. 활처럼 팽팽하게 제 몸을 휜 달이 어둠의 심장부를 겨냥하지만 밤도 그리 호락호락 물러나지는 않을 게다. 집도, 나무도, 사람도 달달한 휴거에 든 시간, 바람 한 줄금 따뜻한 고요를 추스르고 간다. 비록 홀로 눈 뜬 밤이 길고 길어도 아침을 재촉하지는 않기로 한다. (2019.5)

붉은 소묘

눈곱도 떼지 않고 고추밭으로 향한다. 태양을 피해 첫물 고추를 수확하기 위해서다. 고작 자급자족의 목표치도 아직은 버겁고, 일 같지 않은 일로도 허덕이는 처지다. 하여, 수확이라는 단어를 붙이기는 가소롭지만, 식전 한두 시간 동안 반나절 일을 해치우는 게 한여름의 농법이라니 동참을 해보는 참이다.

백여 포기의 고추나무는 내 키 만큼이나 웃자라 숲을 방불케 한다. 지지대 끄트머리를 넌출거리는가 싶더니 금세 서로 얽히고설켜 고랑 위로 터널을 만들어 버렸다. 코딱지만 한 텃밭주제라 지나치게 알뜰살뜰 모종을 앉혔던 결과다. 일천한 지식과 과한 욕심이 초래한 난국이라 할까. 그런들 이미 한 몸이나 진배없는 그들이니 뜯어 말릴 명분도, 재주도 없다. 와중에도 제 노릇에 게으르지는 않아 가지가 무겁도록 옹골찬 결실을 매달고 있으니 타박할 명분을 찾기도 어렵다. 그저 종족보존의 본능은 삶이 위태로울수록 더 왕성해진다는 사실을 실시간으로 확인할 뿐이다. 그마저도 내 손이 만들어 낸 기적 같은 풍경이라며 볼 때마다 경탄을 금치 못했으니, 그들의 입장에서는 어기가 찰 노릇이었을 게다.

서툰 주인을 만난 모종들에게 자생력 외에 방도가 있었으랴. 한 줌이라도 더 태양과 바람을 움켜쥐기 위해 숨 막히는 쟁탈전을 벌였을 게다. 까치발과 기린목은 기본이요, 핏대를 올리며 악다구니를 쳐야 했던 적도 부지기수였을 터. 고추나무의 고초를 알면서도 딱히 손 쓸 방도를 찾지 못한 채 어영부영 수확기를 맞았다. 불볕을 견디며 튼실한 고추를 주렁주렁 자랑하는 나무의 고분군투기가 붉디붉은 마침표로 완성될 수밖에 없는 것은 당연한 일인지도 모르겠다.

뙤약볕에 맞서며 나무는 채색에 열을 올린다. 물감이 지나간 자리는 건장한 사내의 종아리에 감겨 있는 벌건 각반 같다. 저벅저벅, 저 거칠 것 없는 행보는 붉은 절정을 향하고 있을지니, 고지가 머지는 않았을 것이다. 한 뼘이나 될까한 모종을 반신반의로 눌러 꽂았던 어느 봄날, 내가 야심차게 그렸던 그림에 얼추 가까워진 듯하다.

이 순간, 초록의 보색은 빨강이다. 빼곡한 잎사귀를 헤집으며 고추가 발산하는 빨강이 한층 도드라진다. 붉게, 오로지 붉게, 화룡점정의 한 수를 끄집어내기 위해 스스로를 샅샅이 추렴했을 뜨거운 여정이 눈앞으로 펼쳐진다. 마치 레드카펫처럼, 온통 빨강의 것들이 황홀하게 나를 손짓한다. 부연 먼지를 일으키며 천군만마를 달리게 하는 붉은 출정기 같았다가, 몸 무거운 우공愚公들로 하여금 허연 콧김을 쏘아내며 질주 본능을 되새기게 만드는 투우사의 붉은 천 자락 같기도 하다. 실로 간만에 내 안의 내가 빨강의 마법에 걸려드는 것인지, 아랫배가 뻐근해진다.

빨강의 추억이 사라진지 스무 해가 가까워간다. 푸릇하게 물오르던 시절, 은밀하게 사춘기를 채색하던 빨강은 청춘의 완보증과도 같았다. 비로소 어른이 된다는 붉은 신호가 내게는 참으로 더디게 왔다. 생기발랄해야 할 시절, 수없는 '아직?'으로 괜한 열등의식을 불 지폈던 것이 빨강이었다.

열아홉의 늦가을, 기다리던 빨강은 몸살처럼 찌뿌듯하게 찾아왔다. 언제 마련을 해두셨던 건지, 어머니는 안방 서랍장에서 차곡차곡 개킨, 뽀얀 천 한 보따리를 내미셨다. 새물내가 나는 그것들을 앞두고 비밀의 정원처럼 간수를 해야 하는 것이 빨강의 영역이라고 강다짐을 하셨다. 그러나 빨강은 자주 나를 범람했고, '가시나가 칠칠치 못하게…' 어머니의 지청구에 귓불을 붉히곤 했다. 내 삶에 동승을 한 빨강이 두렵고, 번거롭고, 귀찮기만 했다. 그러나 그것은 손오공의 머리띠처럼 결코 거부할 수 없는 그 무엇으로 내 곁에 머물렀다. 누구나 그러했듯, 때맞춰 찾아주는 빨강의 비호 아래서 나는 여자가 되고, 어미가 되었다.

'벌써?'

내 삶에서 홀연 빨강이 사라져 버렸다. 빨강의 부재가 먼저였는지, 여기저기서 날아든 난조의 신호가 먼저였는지는 정확하지 않다. 어느 날부터인가 기력과 의욕이 사그라들고 반갑잖은 두통만 밤낮없이 나를 윽박질렀다. 악, 소리도 내지 못할 정도의 통증으로 머리를 감싸 안은 채 밤을 지새야하는 날이 많아졌다. 서너 계단만 올라도 숨이 목구멍까지 차올랐고, 엘리베이터 없는 아파트 4층 우리 집은 늘 너무 멀었다. 일을 접고, 소소한 외출조차 멈칫거렸던 이유다. 삶은 더 없이 파리해졌다. 동전의 양면처럼 때로는 삶이 때로는 죽음이 눈앞으로 도드라졌다.

의사는 내 몸에 아주 많은 빨강이 부족하다고 했다. 그 상태로도 일상이 가능했다는 사실이 놀랍다는 말로 위기의식을 고조시켰다. 결국 종일 응급실에 누워 누군가의 빨강을 내 삶에 대량 덧칠하는 것으로 특단의 조치를 받았다. 그럼에도 두통의 실마리는 풀리지 않았고, 친구를 따라간 한의원에서는 뭉텅뭉텅 검은 빨강의 응어리를 뽑아내기도 했다. 걸음걸음 빨강의 비위를 맞추던 시절이었다.

어느 구름에 비가 들었던 것인지, 혹독한 시간을 거쳐 평온을 되찾았다. 모든 것이 바닥을 치고 온통 무력하기만 했던 날을 생각하면, 새로운 오늘은 어제와 다른 삶이어야 할 것만 같았다. 그것이 무엇이든 '할 수 있다'는 사실을 확인하고 싶었다. 눈만 뜨면 미친 듯이 산을 찾았다. 발바닥에 굳은살이 앉고, 발톱이 빠져나가도 고통보다는 쾌감을 운운했다. 그것은 적당히 안주하고 적당히 타협하며 살아온 시간에 대한 일종의 반성문 같은 것이었다. 가속이 붙은 바퀴처럼 공격적으로 세상을 해찰하기 시작한 것도 그 즈음이었다. 그러구러 동분서주의 기억만 남긴 채 삶의 중반기를 보냈지 싶다.

세상은 넓고 눈 주고 마음 줄 곳은 지천에 널려 있었다. 초심을 잃고 시나브로 빨강에 등한해진 이유였다. 다행히도 빨강 역시 더 이상 내게 태클을 걸지는 않았다. 매순간이 붉거나 푸르지 않아도 좋은 저물녘. 이따금 추억으로 돋을새김되기는 하지만, 나이듦이란 열정을 이끌어내기 위해 애써 빨강을 동원하지 않아도 좋은 해방구 같았다.

탈속하듯, 불쑥 시골행을 감행했다. 이사를 하고 첫 봄, 남편은 사과나무 한 그루를 심었다. 오일장 묘목시장에서 그는 줄곧 빨간 사과만을 외쳤다. 그리곤 득의만만, 대문 옆 가장 눈에 잘 띄는 곳에 정성들여 심어놓았다. 어쩌면 남편도 조금은 의기소침했던 스스로를 세탁하기 위해 빨강의 주문에 기대려 했던 것인지 모르겠다.

고추나무가 드리운 그늘 아래 쪼그리고 앉는다. 눈을 낮추고 보니 고추가 연출하는 빨강의 파노라마는 역동적이기까지 하다. 내가 아는 모든 긍정을 동원해도 건강한 완숙을 인증하는, 이 순간의 빨강을 찬미하기에는 역부족이다.

탱탱하게 붉은 물이 오른 고추는 빨강, 그 눈부셨던 열정을 상기시킨다. '열정 없이 이루어진 것은 이 세상에 아무것도 없다.'던 독일의 철학자 헤겔의 말처럼, 우리는 빨강의 영역 내에서 삶에 가장 충실할 수 있는지도 모른다. 빨강을 동력 삼아 수확의 기쁨을 만끽해봐야겠다. 이도저도 접어두고 죄 무채색이기로 작정을 했건만, 이 순간 내 두 손은 하염없이 빨강이 고프다. (2021.7)

나무늘보

 무쇠 가마솥을 장만하면서 아궁이를 다시 만들기로 했다. 무쇠솥이 집의 운치를 배가시키기는 하겠지만, 무거운 데다 잠시만 소홀해도 벌겋게 녹을 앉히는 지라 수시로 기름을 먹여가며 관리할 자신이 없었다. 마당 한쪽에 걸어놓은 커다란 백솥에 불을 지펴 시골살이를 인증할 수 있는 것만으로도 흥감했다.
 그러나 아궁이 담당인 남편에게 무쇠솥은 전원의 로망인가 보았다. 눈이 갈 때마다 무쇠솥을 노래 불렀다. 까짓, 그 정도 원이야 못 이루고 살 것인가. 알아서하시라, 시큰둥한 어조로 대답을 했더니 마침맞은 것이 눈에 띄었던 모양이다.
 아주 시골스럽게. 사방 둘러보아 시골스럽지 않은 풍경이 없건마는 남편이 내건 기치는 생뚱맞았다. 돌을 이용해 아궁이를 짓는 것이 남편의 야심찬 계획이었다. 모든 공정은 남편의 손에서 이루어질 것이로되, 애초부터 돌담의 정취에 호의적이었던 나는 그다지 반대할 이유가 없었다. 그러나 머리와 손의 거리가 유독 먼 남편임을 모르지 않는지라 서둘러도 족히 두어 달은 걸릴 것이라 마지노선을 그어놓았다. 최소한 그때까지는 조바심을 내비치지 않을 자정이었다. 느림보 기질 때문에 수시로 통박을 받았던 남편도 나의 참견은 고사한다며 아예 자신만의 템포를 선언했다. 나 역시 아궁이와 관련하여 손에 일 묻힐 생각이 없었으므로 그것도 알아서하시라, 품 넓은 척으로 생색을 냈다.

나무늘보는 포유류 중 가장 느린 동물이다. 천지가 개벽을 한다 해도 슬로우 모션만은 어쩌지 못한다. 긴 발톱으로 나무를 거머안은 채 느릿느릿 이동을 하고, 가지에 매달려 몇 시간이고 꼼짝을 않는다. 포식자의 공격 앞에서도 속수무책, '눈 깜짝할 사이' 같은 것은 그들의 사전에 없는 말이다. 그들의 느려 터진 보법이 태생적인 것이기는 하지만, 지켜보는 입장에선 답답하기 그지없는 노릇이다.

언젠가 나무늘보의 위험천만 했던 순간을 포착한 영상 하나를 본 적이 있다. 차량들이 쌩쌩 내달리는 왕복 4차선 고속도로에서 발견된 녀석이 주인공이었다. 느리디 느린 네 발로, 질주하는 바퀴와 바퀴 사이를 피해 차선 두 개를 건넌 것 자체가 기적에 가까운 일이었다. 영상 속 녀석은 중앙분리대 기둥 하나를 끌어안은 채 혼이 나간 얼굴을 하고 있었다. 길바닥에는 질펀하게 오줌까지 지려놓고. 자막에 의하면, 사색이 된 표정이라는데, 놀란 토끼 눈을 한 녀석의 표정이 얼마나 앙증맞고 코믹스럽던지. 결국 사고뭉치 나무늘보는 경찰관의 손에 의해 야생동물보호단체에 넘겨졌다. 타고난 느림으로 인해 공권력까지 동원되었으니 민폐도 여간 민폐가 아니었던 셈이다.

구해온 무쇠솥은 삭정이 같은 포도넝쿨 아래서 근 한 달째 북풍을 견디는 중이다. 손 빠른 주인을 만났더라면 벌써 몇 번씩이나 엉덩이를 덥힐 수 있었으련만, 남편은 장작을 패거나 모닥불을 피우고 앉아 느긋하게 시간만 축낸다. 날이 추워서, 자재가 부족해서, 약속이 생겨서, 그냥 쉬고 싶은 날이라서, 남편이 아궁이를 미룰 이유는 날마다 생겨났다. 혹시나 하는 일말의 희망은 역시나가 되고 있었다. 무심하기로 마음을 다지고도 이따금 속이 복닥거렸다. 당장 쓸 일이야 없지만, 무쇠솥을 들였다고 동네방네 자랑까지 해놓고 차일피일 미루기만 하고 있으니. 동네 어르신들이 오가며 솥의 안부를 물으시는 바람에 나는 몸 둘 바를 모를 지경인데 정작 본인은 느긋하기만 했다.

"보고 있자니 복장이 터져서…. 내가 해주까?"

드디어 천군만마가 나타났다. 이래저래 코만 보고 있던 윗집 어르신께서 툭진 소리로 소매를 걷어붙이고 나서셨다. 나야 남편을 익히 간파한 처지지만, 해야 할 일을 두고 보지 못하는 행동파 어르신께서 참다 참다 훈수를 두신 것이었다. '나 같으면 해치워도 벌써 몇 번을 해치웠다.'시며 쐐기까지 박아 주셨다. 속사포처럼 쏟아지는 지원사격에 묵은 체증이 시원하게 뚫렸다.

여차하면 어르신께 민폐를 끼치게 생겼다는 각성 때문일까. 굼뜨

기만 한 남편의 손에 시동이 걸렸다. 돌을 실어오고 시멘트를 사오고, 본격적인 작업이 시작되는가 싶다. 시작이 반이라면, 나머지 반은 또 얼마의 시간을 필요로 할지 예측할 수 없지만.

인터넷을 검색하다가 우연히 '나무늘보형 프로게으르머'라 스스로를 지칭하는 이를 만났다. 어느 학술논문에 의하면, 나무늘보는 느리기는 하지만 게으른 동물은 결코 아니다. 생태학적 관점에서 여러 가지 근거를 들었으나 세세한 내용은 기억 저 편으로 사라진 지 오래다. 다만 애당초 그렇게 생겨먹었기에 느릴 뿐이며, 그들 종족에게 느림은 외려 생존을 위한 타고난 전략이 되어왔다고 했다.

느림과 게으름은 같은 듯 다르다. 속도는 느리지만 해야 할 일은 끝까지 해치우는 이와 게을러 아예 시도조차 하지 않는 이가 같을 수는 없다. 게으름이 정적이라면 느림은 눈곱만큼이나마 동적이다. 비록 보는 이의 눈에 하세월일지라도, 우공이산愚公移山의 실화를 가능케 하는 것은 느림의 미학이 아닐까.

쉼표를 너무 자주 찍어서 그렇지 남편도 일단 시작을 하면 끝을 보는 부류다. 확인할 수는 없으나, 남편의 머릿속에는 이미 도면이 그려져 있단다. 어쨌거나 그에 따라 나름 심혈을 기울이고 있는 중이라니 믿을 밖에. 원체 꼼꼼한 성격이라 일에는 개미 눈물만큼씩의 진척이 생기지만, 최대한 완벽의 근사치를 찾겠다는 것이 칼자루를 쥔 남편의 지론이니.

크고 작은 돌을 쌓았다가 허물기를 되풀이하더니 비로소 대충의 틀을 잡은 모양이었다. 우선 큰 돌로 바탕을 튼튼히 한 뒤 이겨놓은 시멘트를 바르면서 시루떡처럼 켜켜이 돌을 쌓을 거란다. 그쯤 끝었으니 하루 이틀이면 완성될 거라 싶었는데, 웬걸. 반쯤 쌓고 하룻밤을 말리고 또 반쯤 쌓고 하룻밤을 잠재운다. 솥을 걸고, 굴뚝을 만들고, 앞 뒤 옆에다 아궁이 내부까지 다시 미장을 하고…, 그 모든 공정 사이에 당연히 들어가는 것이 한나절 가량의 쉼표다. 그동안 윗집 어르신이 몇 번인가 다녀가셨지만, 남의 일에 헛심을 쓰는 것도 머쓱한 일이라 구경만 하고 돌아서셨다. 그다지 성질이 급하지 않은 나도 숨이 넘어갈 지경이다. 잊어야 하느니, 돌아앉아 있다가도 벌떡벌떡 일어나게 된다. 그럼에도 채근하지 않는 것은 심심한 겨울을 게으름으로 뭉개는 것보다는 낫다 싶어서였다.

　그러구러 마무리가 얼마 남지 않았다. 계획을 수정하여 간이 부뚜막을 달아내고, 허드렛물을 처리하기 쉽도록 물길을 추가할 거란다. 그러시든가, 돌아서려는데 남편의 한마디가 귀에 꽂힌다. 작은 무쇠솥 하나를 더 걸어야 제대로 된 그림이 나올 것 같다나. 나름 찔리는 구석이 있는지, 이번에는 금방 뚝딱 해치울 수 있다는 장담까지 한다. 맙소사. 이 상습적인 나무늘보를 믿어야 할지, 말아야 할지. (2022.2)

노는 여자

　감을 한 박스도 넘게 얻었다. 그것도 서너 번씩이나 '그만'을 외친 덕분에 그만큼이었다. 시골 어르신들 손이 푸짐한 것이야 웬만큼 익숙해졌지만 이럴 때마다 난감하다. 김치를 담가도 한 양푼, 찌개를 끓여도 한 냄비씩 무겁도록 건네주시니 달랑 두 입으로 바닥까지 먹어 없애려면 몇 끼를 내처 먹어야 한다. 고작 몇 알을 가지고도 물러서 버리는 일이 다반사일 만치 남편도 나도 감을 즐기지 않는데. 저 많은 감이 또 숙제다.
　점심 후 식곤증을 떨칠 겸 윗집 할매와 차 한 잔으로 해바라기를 하고 있을 때였다. 멀찍이 덕산 할매께서 집을 나서시는 게 눈에 들어왔다. 동네에서 가장 연장이신 할매가 구부정한 허리를 유모차에 의지한 채 동네사랑방으로 마실을 나서시는 참이었.
　사랑방엘 가려면 우리 집을 지나쳐야 하지만, 평소엔 젊은 사람들 번거롭게 한다며 말 안부만 훌쩍 던지고 지나가시는 분이다. 두세 번을 청해야 못 이긴 듯 발길을 두시면서도 아무것도 내오지 마라는 말씀부터 앞세우시곤 한다. 기껏해야 믹스 커피 한 잔 정도이건만 그마저 굳이 사양을 하시는 터라 삽짝을 들어서시는 일은 가뭄에 콩 나듯 한다. 오늘은 마침 먼저 온 동무가 계신 터라 자연스럽게 합류를 하시게 되었다.

마당에 유모차를 주차하고 허리를 펴시더니, 불쑥, 곶감을 만들겠느냐고 물으셨다. 생각지도 못한 말씀에 우물쭈물 대답을 미루었더니 당장 따라나서라는 것이다. 덕산 할매의 유모차 뒤로 나와 윗집 할매가 느적느적 뒤따르는 풍경이 자그마한 시골마을의 한적함에 인기척을 만들어 낸다.

창고 한쪽 귀퉁이에는 감이 박스째 쟁여져 있었다. 씨알이 작거나 흠이 있어 돈을 사지 못한 것들인가 보았다. 처음부터 '조금만'이라는 단서를 달았건만 막무가내셨다. 커다란 작업용 상자에 이것도 담고 저것도 담으시는 것이었다. 자꾸 막아서는 것도 예의가 아닌 것 같아 포기하고 있었더니 아예 싣고 갈 수레까지 빌려주신다.

부려놓고 보니 생각보다 훨씬 많다. 친정어머니께서 곶감을 즐기시는 터라 얻어오기는 했지만 진정 이만큼까지는 필요치 않다. 저들을 어찌 깎아내야 할 것인지. 그렇잖아도 요 며칠 연달아 눈코 뜰 사이가 없었다. 이틀 동안은 차를 만들어 볼 요량으로 수확한 생강의 껍질을 한 소쿠리씩이나 벗겼고, 그 후 삼일은 김장용 마늘을 까느라 곱다시 붙잡혀 있었다. 오늘은 겨우 밀린 글을 갈무리하는가 싶었는데 다시 감에 발목을 잡히게 생겼으니. 연로하신 노부부가 매일 과수원에 발도장을 찍다시피 하며 정성을 쏟는 모습을 보아온 처지라 내팽개쳐 둘 수도 없는 노릇이고. "안 많타. 노느니 시나브로 깎아 놓으면 무을 만 할 끼다." 엄두를 못내는 내게 아무렇지 않게 뱉으시던 할매의 말씀이 귓전에 웅웅거린다.

학창시절 껌 좀 씹어보거나 침 좀 뱉어 본 강심장도 아닌데 나는 요즘 '노는 여자'다. 나름으로는 늘 분주하고 늘 동동거리는데 가차 없이 노는 여자 취급을 한다. 가끔 그런 내가 한없이 억울하다. 누구라도 붙잡고 자초지종을 고하고 싶지만 그마저 할 일 없는 사람의 할 일 없는 넋두리가 될 것 같아 시부저기 웃고 만다. 그러나 진정 웃는 게 웃는 게 아니다.

파악한 바로는, 일과, 노는 일과의 경계에 돈이 있다. 같은 일을 해도 돈이 오가면 일 대접을 받고, 돈과 상관이 없으면 일이 아닌 축에 넣어버리는 게 이곳의 생리다. 잡초를 뽑아도 시간을 지켜 일당을 계산하면 일인 것이고, 어둡도록 쪼그리고 앉아도 내 밭에 풀을 뽑는 일은 일이 아니다. 하여, 생계를 목적으로 농사를 짓지 않는 한, 우리 부부는 그냥 노는 사람들일 수밖에 없다.

노는 사람의 시간은 존중받지 못한다. 나의 정체성은 불시에 찾아와도 불시에 불러내도 개의할 필요가 없는 5분 대기조쯤에서 찾아야 할 형편이다. 즉흥적인 외출보다 준비된 외출을 선호하는 나는, 일 중 자투리 시간을 활용해 밥을 먹고 차를 마셔온 사람들과 주파수를 맞추느라 이따금 허둥거리게 된다. 뚝딱 급조되는 만남일지라도 입은 옷에 화장기 없는 얼굴로 따라나서게 되는 것은 그들과의 동화를 원하기 때문일 게다. 예고 없이 동행을 타진해오는 그들에게 한 번도 'NO'를 외치지 않았으니. 그들에게 나는 여지없이 주체할 수 없는 시간을 방석처럼 깔고 앉아 컴퓨터와 노닥거리는, 팔자 좋은 여자임에 틀림이 없다.

어설프나마 글을 쓰는 일을 한다는 사실을 모르지 않지만, 그들의 의식 속에서 내가 쓴다는 글은 그냥 뚝딱 완성되는 비생산적 유희일 뿐인지도 모른다. 내가 그들의 세계를 속속들이 알지 못하듯, 그들 역시 마찬가지가 아닐까. 얼마나 오랜 시간 골머리를 싸매는지, 적확한 단어 하나를 찾아 몇 날 밤을 반납하는지, 그리고 한 편의 글을 완성했을 때의 환희는 또 얼마나 큰지, 그들에게 알아달라고 하는 것을 무리일 게다. 결국 내가 자주 외치는 'OK'로 하여 나는 점점 노는 여자로 굳어질 수밖에 없을 것 같다.

글을 덮고 감을 집어 든다. 다들 바빠서 깎을 틈이 없다는 감을 내게 안기신 덕산 할매의 의중도 분명 노는 여자의 심심한 시간을 덜어주자는 호의에서 출발했을 게다. 일 같지도 않은 일을 일처럼 꿍꿍거리며, 나는 지금 놀고 있는 중이다. (2020.11)

칼새

　새끼들이 독립을 하고나면 바로 집을 허물어버려야 한다고, 아래층 여자는 대뜸 목소리를 높였다. 평소 길고양이들을 살뜰히 거두고, 들고나며 제비들의 안위까지 챙기는 것을 보면 어지간히 동물을 좋아하는 사람임에는 틀림이 없어보였다. 그런데 그들 새에 대해서만은 가차 없어야 한다는 식이었다.
　어머니도 두어 번 비슷한 언질을 받았다고 듣기는 했다. 그런들 살자고 찾아든 목숨을 모질게 내쫓을 수가 있으랴. 더구나 막 아버지를 떠나보내고 황망 중인 마당이 아닌가. 어머니의 반응이 영 뜨뜻미지근했는지, 우연히 마주친 내게까지 미주알고주알 새들의 만행에 대해 읊어댔다. 이유인즉슨, 얼마 전 그들 부부가 새끼 제비들을 해쳤다는 것이었다.
　친정집 현관문 앞에 꽤 오래된 제비 집이 있어 매해 두어 번씩 새끼를 키워나가곤 했다. 그때마다 새 생명의 탄생이 제일의 화두가 되었고, 행여 그들에게 누가 될까봐 문을 여닫을 때마다 까치발을 하곤 했다. 급작스런 아버지의 와병으로 인해 서너 달쯤 아예 집을 비워 두는 바람에 올봄엔 제비가 오는지 가는지도 모르고 지냈다.

언제부턴가 제비네 집과 지척인 계단 난간 쪽에 또 다른 집을 짓는 이들이 생겨났단다. 생김새가 제비와 흡사해 이웃사촌이 생기겠거니 흐뭇한 마음으로 바라만 보았는데 사달이 나고 말았다는 것이다. 인터넷을 뒤지고 주변 사람들로부터 자문을 받아본 결과 이사를 온 새는 맹맹이라는 새더란다. 그제야 자세히 살펴보니 체구만 비슷할 뿐 울음소리도, 몸색도 여느 제비와 확연하게 다르더라나. 굴러온 돌이 박힌 돌을 어쩐다더니, 그들이 터주인 제비에게 위해를 가했다면 그녀가 노발대발할 만도 했다.

아니나 다를까. 49제를 마치고 친정집을 둘러보니 허락도 없이 세입자가 늘어 있었다. 그것도 막 부화한 핏덩이들까지 거느리고. 두 집에서 동시에 육추가 시작되다보니 여간 번잡스럽고 시끄러운 게 아니었다. 그러나 갑자기 홀로가 되어버린 어머니에게는 그마저 위안이 되어 주었다. 새들의 배설물 때문에 이층 계단이며 현관 앞이 온통 엉망이기는 했지만, 주말마다 친정을 찾는 내게도 그들을 지켜보는 재미가 쏠쏠했다. 앙증맞은 부리를 있는 대로 벌리고 어미를 기다리는 아기새와, 부지런히 먹이를 물어 나르는 어미새의 기척이 아버지의 빈자리를 조금은 채워주었다. 다만, 아래층 여자의 말대로 제비를 해코지한다면 그들의 강제 퇴거를 고민해 볼 여지가 없지는 않았다.

맹맹이는 칼새의 방언이라고 한다. 팽팽한 활처럼 날개를 펴고 나는 칼새는 '다리가 없는'이라는 의미의 학명을 지녔을 만치 비행의 고수로 유명하다. 먹고 자는 일은 물론 짝짓기마저 하늘에서 해결하며, 조류 중 최장의 비행시간을 기록하는 새란다. 평생 지구 백바퀴에 해당하는 거리를 난다니 '다리가 필요 없는' 새라고 해도 무방할 정도다. 하늘이 땅이 되고, 땅이 하늘이 되는 천지개벽이 일어나지 않아도 그들은 하늘을 땅 삼아 두 날개로 뚜벅뚜벅 세상을 건너는 셈이다.

그들이 유일하게 비행을 접는 것은 번식을 할 때란다. 발의 구조가 다른 조류들과 달라 한 번 착지를 하면 바닥을 차고 오르기가 쉽지 않다는 칼새에게 둥지는 지친 날개를 접어도 좋을 안식의 터전이 아니다. 오로지 2세를 세상에 내어놓기 위해 그들은 악착같이 둥지를 짓는다. 수백수천 번을 내려앉으며 기둥을 세우고 지붕을 얹는 것은 종족보존이라는 막중한 사명감 때문이라는 말이다.

아는 게 병이라고, 그들의 내력을 속속들이 꿰고 나니 난감함은 배가된다. 아무리 여자의 적이 여자라는 우스갯소리가 있지만, 자식을 위해 천장이 노랗도록 배 아파본 이로서 그들, 새의 모성애를 어찌 뭉개버릴 수 있으랴. 얼떨결에 그녀에게 반 동조를 하기는 했지만, 나 역시 어렵사리 만들어 놓은 그들만의 보금자리를 막무가내로 없애는 일이 선뜻 내키지는 않았다. 좀 더 두고 보자며 차일피일 결정을 미뤄오는 중이다.

칼새들은 때때로 멋진 활공을 펼친다. 마치 표창처럼 눈앞을 휙휙 오가며 지극정성으로 새끼들을 보살핀다. 인기척이라도 느껴지면 그들의 목청은 귓속을 쩡쩡 울린다. 행여 새끼들에게 손톱만큼이라도 해를 끼치면 결코 용서치 않을 거라는 으름장 같다. 그 작고 귀여운 것들에게 다정한 눈길 한 번 주려면 칼새 부부가 벼락처럼 내려치는 소리의 치도곤을 각오해야 할 정도다.

하긴, 인간에 대한 그들의 신뢰를 기대한다는 것 자체가 어불성설인지도 모르겠다. 고난의 끝에 지어 놓은 그들의 집이 인간의 식탁에 고가로 오른 지 이미 오래가 아닌가. 가진 자들만 즐길 수 있다는 유명 짜한 제비집 요리가 칼새의 집으로 만들어지는 줄을 어찌 알았으랴. 식재료로 사용되는 제비집은 실상 칼새의 둥지라고 백과사전이 적고 있으니 참으로 유구무언일 수밖에 없는 처지다. 그들의 입장에서야 먹다, 먹다 집까지 먹어치우는 인간 괴물을 어찌 믿을 것인가.

연신 아군의 눈빛을 쏘아보지만 좀처럼 경계심을 거두지 않는다. 그들의 집을 두고 존폐를 저울질했던 나를 눈치라도 챈 모양이다. 머쓱해진 마음으로 총총 돌아설 수밖에.

다행히 지금까지는 제비도, 칼새도 서로의 터전을 넘보지 않는다. 주인인 우리에게 악역을 미루기는 했지만, 아래층 여자도 본디 심성이 여린 사람이라 더 이상은 왈가왈부하지 않을 것이다. 사람이 드나들어도 절간처럼 고적한 집에 따뜻한 목숨의 온기를 피워 올리는 굴뚝이 그들, 새의 둥지라는 것을 그녀라고 어찌 모를까. (2017.7)

후숙

 비 오고 하루가 지났으니 땅의 결기도 조금은 누그러졌을라나. 주섬주섬 호미와 자루 두 장을 챙겨 들고 텃밭으로 향한다. 딱딱하게 굳어버린 흙살 때문에 며칠 동안 호미 꽂을 엄두도 못 내던 차다.
 이곳에서는 눈치코치 켜고 있어도 가끔 모른다는 사실이 서러워진다. 경험상, '때가 바로 지금'이라는 언질을 받고 보면 주위 사람들은 이미 작업을 끝낸 후인 경우가 많았다. 밤새 우렁각시가 다녀가는 것도 아닐 테고, 언제 그 많은 일을 해치웠던 것일까. 진정 그것이 알고 싶을 따름이었다.
 초보 주제에 설레발을 칠까봐 일부러 늦게 알려주는 건지, 천지분간도 못한 채 수확기를 놓치는 우리가 안타까워 완곡하게 한마디 거드는 것인지는 알 수가 없다. 이유가 무엇이든 고구마도 뒷북지기를 면치 못할 것이라 생각하니 마음만 분주했다. 그러나 땅의 허락이 떨어지지 않으니 마냥 기다릴 수밖에.

 물의 손이 지나간 흙은 생각보다 푸석푸석하다. 비닐을 들추고 호미로 슬슬 긁어내리기만 해도 고구마가 빨간 정수리를 반갑게 드러낸다. 본격적으로 작업 모드에 들어가도 좋다는 신호다.

 연한 순을 따는 일이 먼저겠다. 고구마보다 순을 목적으로 모종을 사다 심었고, 볶아 먹고 조려 먹느라 한동안 입이 즐거웠다. 고구마가 원래 그런 작물이라고는 하지만, 심어 놓고 딱히 손 보탠 적이 없었으니 그것만으로도 본전 이상은 한 셈이다. 그럼에도 마지막이라 생각하니 더 알뜰해진다. 따고 또 따고, 얼추 굵직한 뼈대만 남았을 즈음 자루 한 장이 그득해진다.

 주인을 잘못 만난 까닭에 덤의 신세로 전락을 해버린 고구마다. 하여, 결실에 대해 왈가왈부할 처지는 아니다. 실하면 실한 대로 부실하면 부실한 대로 감사히 받아들면 그만이다. 이론은 그러하지만, 욕심이라는 게 어디 허락을 받고 생겨나는 것이던가. 다다익선은 기본이요, 더러 장정 주먹만 한 놈이 숭덩 뽑혀 올라오면 손끝에 실리는 신명을 감출 수가 없다. 고작 내 낮짝만한 이랑에 모종 한 단 키워놓고 이리 흥을 내고 앉았으니 누가 볼까 부끄럽기는 하지만.

 적당한 그늘 자리에 고구마를 펼쳐놓고, 귀가하는 남편을 향해 한 바가지 자랑을 늘어놓았다. 그것도 수확이라고, 꼼꼼하게 선별 작업을 마친 남편은 자투리들을 쪄서 먹어보자고 했다. 남편이나 나나 고구마를 그리 즐기는 편은 아니지만 저 홀로 열심히 생장의 수레바퀴를 돌렸을지니, 맛부터 보는 것이 최소한의 예우일 것이었다.

뭐랄까. 2% 부족한…. 남편의 반응은 뜨뜻미지근했다. 내 손으로 심고 내 손으로 거두었다는 사실에 적잖은 가산점을 얹었지만, 내 입에서도 기대 이하라는 냉정한 후기를 보내왔다. 이리저리 나눠주겠노라 큰소리를 쳐놨는데, 체면이 말이 아니게 생겼다. 그런들 어찌하랴, 죽었다 깨어나도 맛은 내가 관여할 수 있는 영역이 아닌 것을. 졸지에 계륵이 되어버린 고구마지만, 적당히 흙을 떨어내고 창고에 들여보내기로 했다.

'좀 시들카야 맛이 들지.'

윗집 할머니에 의하면 걱정할 바가 아니다. 상추며, 쑥갓이며, 풋고추가 그러하듯, 고구마 역시 신선도가 한 맛을 거드는 줄 알았는데 아니란다. 그제야 야릇한 수수께끼 하나가 풀리는 기분이었다. 나는 배춧잎 한 장을 닭장에 넣어도 펄펄 생기가 살아있을 때를 놓치지 않기 위해 부산을 떨었건만 할머니는 급할 게 없었다. 외려 마당 구석에 하루쯤 내버려 두었다가 먹이는 눈치였다. 나는 그것이 무성의라고만 치부하며, 알아듣지도 못하는 우리 집 닭들을 향해 있는 대로 내 성심성의를 생색내었는데…. 세상에는 내가 모르는 세상이 너무나 많다는 것을 절감하는 순간이었다.

마침 내가 발을 들여놓고 있는 농군들의 SNS에서도 후숙을 알려주는 이가 있었다. 수분이 증발하면서 당도가 높아져 달고 맛있는 고구마가 된단다. 캐면 그만인 줄 알았는데 또 다른 과정이 남아있다는 것이다. 하긴, 마트에서 사 보기나 했지 내 손으로 키워본 적이 없으니 내게 고구마는 다 같은 고구마일 뿐이었다. 막 캔 건지, '시들칸' 건지에 따라 맛이 달라지는 줄 어찌 알았으랴.

탯줄이 끊어지고서도 익어간다는 고구마는 지금 후숙의 안거에 들어 있다. 끝날 때까지는 끝이 아니라지만, 세상에는 끝나고 나서도 끝이 아닌 것이 있는 모양이다. 고구마의 뒷심을 기대하며, 두툼하게 짚을 깐 박스에 차곡차곡 쟁여둔 참이다.

어느 시인은 그랬다, '가장 큰 하늘은 언제나 그대 등 뒤에 있다'고. 그렇다면 등 뒤의 시간 동안 자신을 완성하는 후숙이야말로 삶의 성패를 좌우하는 마지막 관문이라 해도 과언이 아니겠다. 뭉근하게 밥뜸을 들이듯, 무엇을 진정한 무엇이게 만드는 일은 끝이라는 방심의 시간에 비로소 시작되는 것인가 보다.

문득, 성급하게 끝을 예단하는 일이 얼마나 큰 오류인지를 생각하게 된다. 이별은 헤어지는 순간이 아니라, 부재의 깔딱고개를 숨차게 넘고서야 완성되는 의식이듯이, 달달하게 눈 맞추고 입 맞추며 뜨거운 밀어를 속삭이는 순간조차 사랑의 완성이라고 할 수 없겠다. 따지고 보면, 그뿐이랴. 누구에게나 무엇에나 후숙의 시간이 후렴구처럼 뒤따르는 것 같다.

사람으로 태어났으되 사람다운 사람이기 위해서도 태어남 이상의 무엇인가가 필요한 것이 아닐까. 보고 듣고 부딪히며 배우는, 그것이 삶이라는 시간이라면, 나도 지금 맹렬하게 후숙 중이라 해도 좋겠다. 세상이라는 거대 숙성의 장에 든 이상, 좌충우돌을 거름 삼아 수없이 거듭나는 일에 지나치게 기죽을 필요가 없다는 말이다.

옛말처럼, 걷다보면 중도 만나고 소도 만난다. 꽃길 위에서 신선놀음을 할 때도 있지만, 넘어지고 자빠져 바닥의 비루를 핥아야 하는 적도 부지기수다. 돌아보면, 나 역시 부대끼고 스치면서 무수한 칼금이 그어지고 그것을 곰삭히느라 마음에 피고름을 앉힌 석이 많았다. 그럼에도 다시 일어나 두 발을 뗄 수밖에 없는 것이 삶이라는 것을 어렴풋이 깨달아 가는 이즈음, 후숙이라는 두 글자를 알게 되어서 얼마나 다행인지 모르겠다. 땅 속에서 만큼이나 분주한 시간을 땅 위에서 보내고 있을 몇 알의 고구마처럼, 시간의 담금질에 나를 맡기다 보면 조금 더 나은 나를 만나게 될 거라고 긍정의 주문을 걸어보는 날이다. (2019.10)

철의 여인

윗집 할매는 입보다 귀가 궁한 분이다. 이건 이리하면 되고, 저건 저리하면 되고…. 대개는 콩케팥케 하는 초짜 촌놈 우리 부부에게 훈수를 둔다는 명분으로 자리가 마련되지만, 듣다보면 정작 본론은 따로 있을 때가 많다.

따끈한 믹스 커피 한 잔이면 할매의 시간이 거꾸로 흐른다. 케케묵어 곰팡내 나는 옛날 속에 왕성하던 당신의 한때가 있기 때문이다. 그래봐야 잠시잠깐 차 한 잔의 여유지만, 가버린 시간을 곱씹느라 침이 마른다. 단물 빠진 껌처럼 입만 바쁘게 만드는 일로 힘을 빼는가 싶다가도, 그것이 죄 부실해진 오늘을 보상받는 당신만의 비법인지도 모르겠다는 생각이 들어 귀를 추스르곤 한다.

옛날식 전기수傳奇叟처럼, 할매는 종종 눈물콧물까지 동원하신다. 그러나 대부분이 재탕에 삼탕도 더 거친 내용이라 갈수록 솔깃함이 덜해질 수밖에 없다. 당장 내게 마이크를 넘긴다 해도 할매의 고생담을 웬만큼은 읊어낼 수 있을 정도다. 다만, 내 어머니 같아서, 그리고 누군가의 어머니여서 할매의 행간 속에 가만히 잠겨보기도 하는 것이다.

스무 살에 시집와 죽어라 일만 했어도 쌀밥은커녕 보리밥이나마 배부르게 먹어보지 못했다는 비현실적인 현실을 마중물 삼으면 신명이 절로 붙는다. 호신용 낫 한 자루 거머쥔 채 멧돼지가 출몰하는 고갯마루를 오가며 모종을 이고 날랐다는 겁 없던 청춘의 밤을 지나, 인공 관절 수술을 세 번이나 받은 무릎에 다다를 때쯤이면 커피잔이 바닥을 드러낸다. 그제야, 없는 집 장손 치다꺼리로 그간 흘린 눈물이 족히 두어 말은 될 거라는 추서追書와 함께 자리를 털고 일어나신다.

새끼손가락을 거는 것으로 모자라 도장 찍고 사인하고 복사까지 하는 요즘 아이들처럼, 말로 쓰는 당신의 자서전은 때와 장소만 다를 뿐 펼칠 때마다 비슷한 페이지다. '아, 네에.' 청자聽者로서의 내 역할은 최소한의 추임새 정도지만, 시원찮은 귀마저도 개의치 않는 눈치다. 이미 들었음을 고지하는 것으로 김을 뺄 용의는 애초에 내려놓는 게 속 편하다.

첫 만남에서 얼굴보다 손이 먼저 눈에 들어왔던 할매다. 오래된 나무의 옹이처럼, 다섯 손가락의 마디마디가 툭툭 불거져 제대로 펴지지도 않았다. 말로만 들었던 갈고리 같은 손의 실체를 확인하는 순간이었다. 말이 쉬워 평생이지, 팔십 평생이면 도대체 몇 번의 태양이 뜨고 지는 세월인가. 그 하루들을 모조리 손에 기록해놓은 듯했다. 내용의 진실성이 눈앞에서 증명되는 마당이라, 북데기 같은 머릿결을 아무렇게나 쓸어 넘기는 손을 앞두고 지루함을 내세울 수는 없었다.

작년 이맘때쯤, 할매가 사고를 당하셨다. 갓 태어난 송아지를 보살핀다는 것이 제 어미의 오해를 산 모양이었다. 그 큰 대가리로 사정없이 밀어 재끼는 통에 어찌해볼 틈도 없이 미끄러졌다고, 자초지종을 전하는 할매의 얼굴이 고통으로 일그러졌다. 그마저, 새끼를 향한 어미의 노심초사를 헤아리지 못한 자신에게 탓을 돌리며 코끼리 발처럼 퉁퉁 부은 발목으로 여러 날을 버티다가 병원 신세를 지셨다.

두어 주쯤 지났을까. 철의 여인이 된 할매가 돌아오셨다. 커다란 지네 한 마리가 들러붙은 듯, 복숭아뼈 옆으로 수술 자국이 흉측하게 남아 있었다. 철심을 덧대어 뼈를 고정시킨 흔적이란다. 흥부네 누더기 옷처럼 도무지 성한 구석이 없는 몸뚱이라고 너스레를 떨면서도 당신을 일으켜 세운 쇳조각이 꽤나 든든하신 모양이었다. 평생 운전대 한 번 잡아보지 못한 처지에도 자동차의 원리까지 들먹이며 보오링을 했으니 상처만 아물면 끄떡없을 거라 장담을 하시는 것이었다.

'인자 일은 몬한다.' 할매는 결연한 표정으로 폭탄선언을 하셨다. 그러나 아무도 그 말을 믿지 않는 눈치였다. '개가 똥을 끊는다 하지.' 동네사람들은 할매가 일의 금단현상을 결코 견딜 수 없을 것이라고 수군거렸다.

　사실, 할매에게 일을 접으라는 의사의 주문은 숨을 쉬지 마라는 말보다 더한 것이었다. 시골부자 일부자라 투덜거리면서도 태엽을 삼아놓은 인형처럼 소리 없이 종일을 동동거리시는 게 일과였다. 심은 만큼 되돌려 주는 땅. 추측컨대, 평생 대지의 딸로 살아내신 할매에게 땅은 공기요, 물이며, 살아있음의 확인처가 아니었을까.

　숨바꼭질을 하는 아이처럼, 얼마 지나지 않아 할매는 살금살금 밭을 들락거리셨다. 만류를 해보았지만, 당장 수확을 앞둔 깨와 콩은 누가 거둘 것이며, 한창 땅맛을 들인 배추를 어찌 내버려두느냐는 데는 할 말이 없었다. 게다가 코앞에 닥친 마늘 파종도 넘어야 할 산이었다. 농사라면 반거충이를 면치 못하는 나까지 헛심을 쓰게 되는데, 눈을 감고 귀를 막아도 훤히 들녘을 읽고 앉은 할매의 심정이야 오죽하셨을까. 그러고 보면, 그간의 억지 휴식이 당신껜 쓰디쓴 벌이었는지도 모를 일이었다.

　통통 분 젖을 양껏 빨리는 어미처럼, 할매는 본의 아니게 방치했던 밭에서 종일을 보내셨다. '괜찮다'를 연발하며, 요령껏 깨도 거두고 콩도 거두셨다. 한쪽 발을 상전처럼 모시고도 어찌나 재바른지, 거들자고 나선 내 손이 무색해질 정도였다. 그렇게 급한 불부터 뚝딱 꺼놓은 후, 마늘을 심느라 종횡무진하시는 할매는 분명 철보다 강하고 세월보다 질긴 여인이었다.

　'안즉 발목에 1)시가 안 들었나. 빼러가야 되는데….'

　벌써 일 년이 지났는데도 말뿐이시다. 몇 번인가 상기를 시켜드

렸건만 미루기만 하신다. 외려, 심어 놓은 철심이 세포분열이라도 하는지 예전보다 더 억척을 내신다. 정글도를 곧추든 탐험가이듯, 당신 키보다 한 뼘쯤은 웃자란 들깻대를 추풍낙엽처럼 털썩털썩 눕혀놓는다. 처처에서 웬만한 장정 못지않은 괴력을 발휘하시니, 걱정을 드려야 할지, 응원을 드려야 할지.

　오늘도 할매는 도리깨질로 종일을 보내셨는가 보다. 어둠살이 팍팍하게 내릴 즈음에야 패잔병 같은 몰골로 대문 앞을 서성거리신다. 베고 떨고 갈무리하고, 신들린 듯 자루를 채워가는 할매를 누가 말리랴.

　요즘 같아서는 바빠서 죽을 틈도 없다는 할매. 당신께 즉방인 피로회복제, 달달한 믹스 커피 한 잔으로 할매를 청한다. 저기, 허옇게 검불을 뒤집어 쓴 철의 여인이 고샅을 내려오신다. (2020.10)

1) 쇠의 토박이말

장미와 찔레

　며칠을 지켜보다 삽을 들었다. 내 손에 묻은 살의를 눈치 챘는지, 밑동을 거머쥐자 나무는 우수수 마른 잎을 쏟아놓는다. 그것이 눈물이라면 악어의 눈물임에 틀림없다. 나는 결코 그들이 내세우는 연약함의 코스프레에 흔들리지 않을 작정이다. 이미 그들이 발밑에 감추고 있는 무지막지한 정복욕을 읽어버렸으므로.
　작년 여름, 지루하던 장마가 소강기에 접어든 날이었다. 윗집 어르신께서 삽목용으로 잘라왔다며 장미가지를 한 움큼 내려놓고 가셨다. 몇 번인가 담장 위를 붉게 켜는 장미를 자랑하시더니 화단 가장자리에 둘러 꽂으라며 나눔을 해주신 것이었다. 삐죽한 나무토막에서 뿌리가 생기고 꽃이 필까 싶기는 했지만 최소한의 성의는 보여드려야 서운타 하시지 않을 터였다. 밑져도 본전이라며 고분고분 말씀을 따랐다. 낙오치까지 감안을 하셨는지, 화단에 심고 남아 자

그마한 화분 두 개를 더 만들어야 할 정도로 넉넉했다. 그 중 한두 개만 살아남아도 풍성한 장미의 집을 연출할 수 있을 것 같았다.

그러구러 시간이 흘렀다. 장미가 원래 생명력이 대단한 식물인지는 모르겠으나 대부분이 촉을 틔웠다. 월동이 가능할 것이므로 겨울을 신경 쓰지도 않았다. 내 추운 것만 엄살 부리느라 그들이 혹한을 어찌 보내는지는 감쪽같이 잊고 지냈다.

봄의 기척을 가장 먼저 알린 것이 장미였다. 허공을 차고 오르는 힘이 어찌나 좋은지, 얼마 지나지 않아 사방으로 휘늘어진 가지가 이웃하는 꽃의 기를 눌러버렸다. 어르신 댁을 드나들며 본 바로는 분명 줄장미가 아니었는데 이상하리만치 줄기를 벋어 내리는 것이었다. 그런들 장미에 대해 아는 것이 없었던 나는, 그 댁은 묵은둥이라 그러려니 가볍게 넘겨버렸다. 굴러온 돌의 위세에 눌려 박힌 돌들이 곤욕을 치어야 했다. 애지중지하던 미니 장미 한 포기를 한갓진 곳으로 도피 시켜 주고, 빼곡하게 올라오는 당아욱은 한 움큼씩이나 뽑아냈다. 지지대를 세우고 수형을 추슬러 주는 것으로 그들의 혈기방장을 거들었다.

어르신은 가끔씩 들러 장미의 안부를 들여다보곤 하셨다. '꽃 피믄 억수로 이뿔 끼다. 꽃도 겹이고, 색도 흔한 기 아이라.' 내심 꽃을 기다리는 마음에 부채질까지 하시는 거였다. 그렇다 하여도 장미는 내 집에서 끝을 냈어야 했다.

선심 쓰듯 친정집 화단 요지에 화분 하나를 이식해주었다. 윗집 어르신의 장미예찬론을 복사하듯 읊어대기까지 하며. 과꽃이며 나리며 해바라기며…, 평소에도 종종 이러저러한 모종을 가져다 심곤 했기에 어머니도 그러려니 하셨다.

봄이 깊어지기도 전에 장미는 화단 목책 너머로 목을 뽑아 올렸다. 고샅을 오가는 이들에게 장미의 계절을 선사하기에 안성맞춤일 것 같았다. 머잖아 만개를 한다면 우리 집의 포인트 컬러로 붉은색이 자리매김을 하게 될 터였다.

동네 사람들이 집 앞 헛개나무 그늘에서 새참을 나눠 먹던 날이었다. 마당에서는 몰랐는데 바깥에서 보니 장미가 꽃을 맺기 시작하는 중이었다. 노란 심지를 물고 있는 하얗고 앙증맞은 꽃이었다. 상상했던 장미와는 도무지 줄긋기가 되지 않았다. '이런 장미도 있나요?' 엉겁결에 내뱉은 말이었다. 장미에 대해 추호의 의심이 없었던 나는 그 순간 불쑥 돌연변이를 떠올렸던 것인지도 모른다.

어쩌려고 화단에 찔레를 심었느냐며, 누군가가 타박을 했다. 어르신댁표 장미라고 내가 확고한 자세를 보이자 의견이 분분해졌다. 찔레라 단정하는 사람, 찔레 같다고 말꼬리를 흐리는 사람, 장미는 아닌 것 같다고 에두르는 사람, 코를 가져다 대고 향을 킁킁거리는 사람…. 결국 찔레에 압도적인 표가 얹혀졌다. 그리고 장미는 결국 찔레가 되었다.

문제는 어르신마저 찔레를 손절하신다는 것이었다. 당신이 찔레 가지를 가져다주었을 리 없다고 완강히 고개를 저으셨다. 삽목 장미는 애초에 명을 다해버렸고 어디선가 날아온 찔레 씨앗이 그 자리에 싹을 틔운 모양이라며 뽑아버리라셨다. 화단은 물론 화분에서조차 찔레가 왕성하니 그렇게 설명될 일은 아니었지만, 어르신을 붙잡고 따따부따할 수는 없는 노릇이었다.

좁아터진 화단이기는 하지만 찔레에게 터를 내 준들 어떠랴. 어차피 화단의 정체성은 꽃이 아닌가. 결정적으로 은은한 향을 풀어 놓는 찔레꽃이 수수하고 곱기는 했다. 겁도 없이 장미 삼아 찔레를 키우기로 한 이유였다.

그러나 얼마 지나지 않아 깨닫게 되었다. 그것이 얼마나 큰 오판이었는지를. 찔레가 벌이는 속도전을 감당할 수 없었다. 짬짬이 가지치기를 해도 금세 몸피를 부풀리는 것이었다. 접시꽃이며 당아욱이며 금화규며, 각종 꽃모종들이 찔레에 가려 봄을 구가하지 못했다.

처음에는 두세 포기만 솎아낼 참이었다. 뿌리째 숭덩 뽑혀 올라올 거라며 맨손으로 덤볐더니 꿈쩍도 하지 않았다. 하는 수 없이 호미를 가져와 뿌리깨를 긁어내 보았더니 땅 밑은 난장판이었다. 찔레는 하나 같이 문어발식 경영을 하는 식물인가 보았다. 지상부보다 지하부에서 더 거대한 성채를 건설하고 있었다. 그 완고한 고집불통의 현장에서 나는 두 손을 들고 말았다. 그제야 찔레는 화단에 키우는 게 아니라는 말에 수긍이 갔다.

괘씸하기도 하거니와 슬슬 걱정이 되기 시작했다. 그들을 용인한다면 얼마 지나지 않아 화단은 찔레 천지가 되겠다는 위기의식마저 들었다. 혼신으로 꽃을 피웠을 터이니, 웬만하면 그 꽃 다 지거든 어찌해 보자고 유예기간을 두기로 했다. 그러나 눈이 갈 때마다 풀어야 할 숙제를 미뤄둔 듯 께름칙한 마음을 떨칠 수 없었다.

어차피 화단은 내 관할이기도 하거니와, 장미도 모르고 찔레를 키운 나를 더는 만방에 까발리고 싶지 않았다. 남편이 외출을 한 오늘을 서사의 날로 잡은 이유다. 찔레가 얼마나 만만찮은 상대인지를 이미 간파했기에 삽과 호미, 전지용의 가위까지 동원할 수 있는 모든 연장을 챙긴 참이다.

파고, 자르고, 당기고, 천신만고 끝에 찔레 예닐곱 포기가 지상으로 퇴출되었다. 그것도 굵은 뿌리만 캐내고 끝 모르게 퍼져나간 잔뿌리는 땅 속에 남겨 둔 채로. 행여 내년 봄, 그곳을 모태로 찔레가 올라올지도 모르지만 내일 일은 내일 걱정해도 늦지 않을 터.

장미의 시간을 되새기며 찔레는 시름시름 말라갈 것이다. 지나친 욕망이 스스로를 파괴시킨 주범이었노라고, 그간 나를 우롱했던 찔레를 구시렁거려보지만 미안한 감이 없지는 않다. 그런들 어쩌랴. 찔레의 자리가 복잡한 감정의 웅덩이로 터 잡기 전에 쫓겨난 미니 장미라도 옮겨와야겠다. (2022.5)

여섯 번째 아홉

"오래 살라믄 뭘 마이 묵어야 하는지 아나?"

할배 개그의 일인자라 자막이 올랐던, 팔순 넘은 어르신이 던지는 퀴즈다. 일행이 우물쭈물하는 사이 어르신은 '나이'라고 성급하게 답을 내놓고 만다. 주름진 입술 사이로 김빠진 웃음을 흘리며, 세 어르신은 가던 길을 재촉하신다. 채널을 돌리던 중 질박한 경상도 사투리에 꽂혀 리모컨을 내려놓은 참이다.

평균 나이 73세, 꽃할배들의 일탈을 취재한 다큐 프로란다. 하필이면 일 많은 계절에 '출발'을 외친 어른들이다. 고작 하룻밤의 한유에도 이삿짐 싸듯 짐을 챙기고, 선글라스에 꽃무늬 셔츠까지 구색을 맞춘 패션 또한 요즘 아이들 못지않다. '늘 붙어 있다고 농사를 잘 짓는 기 아이라. 놀 거 놀면서 잘 짓는 기 진짜 잘 짓는 거지.' 농사의 비법인지, 삶의 비법인지를 설파하는 것으로 농번기를 운운하는 취재진을 입막음하시는 것도 고단수다.

굳이 오래 살겠다는 작정은 아니나, 꾸역꾸역, 나도 나이를 먹고 있다. 솔직히 그간은 나이를 의식하지 않고 살았다. 누군가 나이를 물어오면, 해마다 바뀌는 것을 어씨 매번 기억하느냐며 '64년 용띠'를 명함처럼 들이밀었다. 남편이나 자식들의 나이마저 제대로 꿰지 못했으니, 길치, 기계치가 있다면 나는 다분히 나이치였다 할까.

다행스럽게도 드러내놓고 그것을 타박하는 이는 없었다. 궁금증은 어디까지나 그들의 몫이므로, 뜨악한 표정을 지으면서도 이러저러하니 내 나이가 몇이라고 일러주곤 했다. 돌아서면 금세 기억의 저편으로 훌훌 떠나보내기 일쑤였지만.

세월의 반경 너머에 머무르고 있다는 야무진 착각이 어디에서 발원되었는지 모르겠다. 내 안에 저장된 나의 프로필에 젊고 명료하고 자신감으로 충만하던 어느 시점만 각인시켜 놓은 채 업데이트에 게을렀다고 할까. 하여, K선생도, 세상 모든 여인들을 언니라 생각한다는 나의 너스레에 콧방귀를 뀌어대지는 않았을까. 삶이 당연하다면 세월도 당연한 이치를 무시했는지, 무시하고 싶었던 건지.

올 한 해는 본의 아니게 나이를 떠올리며 보냈다. 그것은 순전히 아홉수 때문이었다. 여태 다섯 번의 아홉을 건너왔지만 딱히 기억나는 것도, 번잡을 떨었던 적도 없다. 떠올릴 거리가 없다는 것은 심심하리만치 무고했다는 반증일 게다. 누군가 아홉이라는 숫자에 편치 않은 심사를 드러낼 때에도 하루하루가 가듯, 한 해 두 해도 그저 가는 거라며 건방진 언사를 쏟아내곤 했으니.

이순耳順을 코앞에 두고, 아홉이라는 글자에 자꾸만 귀가 들썽거렸던 이유가 무엇일까. 마음먹은 일이 난항을 거듭했고, 평온하던 일상이 휘청거리는 일도 생겨났다. 컨디션이 난조인 날도 많았다. 육신이 우선한 날은 정신이 반기를 들곤 했다. 그 모든 것들은 서로가 서로를 부추겨 거품처럼 나를 집어삼켰다.

문제는 그들을 떨쳐낼 전의가 생기지 않는다는 것이었다. 내 안 어딘가에 앙금처럼 갈앉아 있는 어두운 감정들을 길어 올려 내가 나를 코너로 몰아붙였다. 집진기처럼, 살아오면서 나를 스쳐갔던 절망들을 불러들여 무겁고도 암울한 시간을 두텁게 껴입었다. 억울하거나, 분노하거나, 눈앞이 깜깜하거나. 결코 복습하고 싶지 않았던 감정들을 되새기느라 진이 빠질 지경이었다. 보이지 않는 악의에 의해 이유 없는 린치를 당하는 기분이었다 할까. 그 모두의 원흉으로 몰아붙이기에 맞춤한 것을 찾아냈으니, 바로 아홉수였다. 누군가 나를 향해 '당신에게 일어나는 일은 모두 당신에게서 비롯되는 것'이라고 조근 조근 일러 줄까봐 선수 치듯 발굴한 핑계거리였는지도 모르지만.

실상, 미국의 사회심리학자인 애덤 알터와 할 허시필드에 의하면 아홉은 역동성을 잠재한 숫자다. 9, 19, 29…, 인간은 10년 구간의 마지막 해가 되면 무언가 획기적이고 의미 있는 일을 찾아 부지런을 떨게 된다는 것이다. 그것을 방증하기 위해, 마라톤에 처음 참가하는 사람들 중 무려 48%가 아홉수에 해당하며, 자살율도 외도를 하는 사람의 숫자도 아홉에 가장 높더라는 결과치를 예로 들었다.

다시 10년의 출발을 앞두고 어제와 다른 나를 추구하기 위한 전투력을 상승시키는 숫자가 아홉이라는 말이었다.

어느 가수는 '장미꽃보다 더 붉은 열아홉 순정'을 노래했고, 일본의 소설가 하야마 아마리가 '1년 후 죽기로' 한 것도 스물아홉의 생일이었다. 마흔을 목전에 두었다는 한 여인은 뜻 모를 냉기를 극복하기 위해 꽃무늬 내복을 샀다고 고백했다. 뿐인가. 박완서는 어느 소설의 말미에서 '불꽃같은 사랑을 기다릴 수 있는 마지막 해'로 마흔 아홉을 정의하기도 했다. 코흘리개 시절, 혼을 빼놓고 보았던 은하철도 999호 열차조차 소년 철이가 어른이 되기 위해 선택한 마지막 열차였다. 내내 불운의 출처로만 규정 지었던 아홉의 반전은 신선하다 못해 경이로울 지경이다.

내 여섯 번째 아홉을 다시보기 해본다. 분명 유의미한 무엇이 내재되어 있을 것 같아서다. 순간순간 나를 수갑 채우는 것들을 벗어내기 위해 하지 않아도 좋을 일을 하고, 만나지 않아도 좋을 사람을 만나야 했다. 모르고 지나쳐도 좋을 것들을 속속들이 캐내느라 버겁도록 정신의 불을 켰던 적도 있다. 덕분에, 크나큰 상실감도, 그 상실감을 체화하는 방법도 자학자습하게 되었다. 어쩌면 그날이 그 날이어도 괘념치 않았던 나태를 향해 각성의 채찍이 필요한 시점이었는지도 모르겠다. 그간 내 안에 묵혀놓았던 분발을 끄집어내라는 보이지 않는 손의 하명이었던 것 같기도 하고.

그러구러 아홉의 끝자락, 나는 다시 고요를 되찾았다. 느긋하게 아홉을 반추할 여유도 생긴다. 아홉의 시험대를 통과했으니 당분간은 가닥가닥 곧추 세웠던 촉수를 느슨하게 눕혀도 좋을 거라며 며칠 남지 않은 올해를 안도하는 중이랄까.

그러나 복병은 늘 예상치 못하는 곳에서 나타나리니. 내년부터 만 나이가 시행될 거란다. 간만에 전화를 한 S선생은 일흔이 한 해 유예되었다고 희희낙락 목소리에 날개를 달았다. 나 역시 손해 볼 일이 아니긴 하지만, 솔직히 쌍수로 환영할 마음까지는 생기지 않는다.

웬만큼은 내성이 생겼을지나, 다시 삼백 예순 다섯 날 아홉의 포로가 되어야 하다니. 뛸까말까 망설이게는 되는 순간 앉은 자리나 제대로 즐기자며 신발 끈을 풀고, 보고 듣는 것으로 펄럭일 때마다 내게는 내가 정답이라고 삐딱선도 타 가며, 사방을 죄 무채색으로 일원화시켜주는 세월의 순기능이나 읊어대도 좋은, 어렵사리 돌려받은 평온을 무엇으로 지켜내야 할는지. (2022.12)

하얀, 빈티지

초판1쇄 발행 2023년 9월 15일

지은이 문경희
펴낸이 이길안
펴낸곳 세종출판사

주소 부산광역시 중구 흑교로 71번길 12 (보수동2가)
전화 051-463-5898, 253-2213~5
팩스 051-248-4880
전자우편 sjpl5898@daum.net
출판등록 제02-01-96

ISBN 979-11-5979-621-0 03810

정가 15,000원

> 이 도서는 2023년도 한국문화예술위원회 아르코문학창작기금 발간지원 사업에 선정되어 발간되었습니다.

이 책은 저작권법에 따라 보호받는 저작물이므로 무단전재와 무단복제를 금지하며,
이 책 내용의 전부 또는 일부 내용을 재사용하려면 사전에 저작권자와 세종출판사의
동의를 받아야 합니다.

* 잘못된 책은 교환해 드립니다.